经学抉原

蒙文通 著

巴蜀书社

图书在版编目（CIP）数据

经学抉原 / 蒙文通著. —— 成都：巴蜀书社，2019.7
（巴蜀百年学术名家丛书）
ISBN 978-7-5531-1118-6

Ⅰ . ①经… Ⅱ . ①蒙… Ⅲ . ①经学—研究
Ⅳ . ① Z126.27

中国版本图书馆 CIP 数据核字（2019）第 035988 号

JINGXUE JUEYUAN
经 学 抉 原

蒙文通　著

责任编辑	王承军
出　　版	巴蜀书社
	成都市槐树街 2 号　邮编 610031
	总编室电话：（028）86259397
网　　址	www.bsbook.com
发　　行	巴蜀书社
	发行科电话：（028）86259422　86259423
经　　销	新华书店
内文排版	四川最近文化传播有限公司
印　　刷	成都东江印务有限公司
版　　次	2019 年 7 月第 1 版
印　　次	2019 年 7 月第 1 次印刷
成品尺寸	130mm×210mm
印　　张	6.25
字　　数	120 千
书　　号	ISBN 978-7-5531-1118-6
定　　价	38.00 元

本书若有印装质量问题，请与本社发行科联系调换

目　录

经学导言

序　目

　　这篇文字是去年秋间应杨效春君为《友声》征文作的，题目叫做《近二十年来汉学之平议》，在《友声》的双十增刊上面发表。因为文字稍长，数期尚未登毕，底稿的后半篇也就在编辑部散失了。友人唐偈风诸君深以未睹全文为憾，屡次催促要我补成完篇。却因病事牵缠，直到冬间才将旧稿重新写出。因为内容多半是发表自己的意见，和"平议"这个题目名实不甚相符，便将里面的评语删去许多，把题目也就改作《经学导言》。初稿本是十篇，有一篇是《前论》，约略讨论些周秦间学术的问题。有一篇是《后论》，讨论的是内学、南学、北学一些问题。《后论》的稿子因为限于篇幅，未能畅论，颇不惬意，也就把他完全削去，把《前论》的题目改作《诸子》，列在第八篇去，所以这篇文字便只有九篇了。

这篇稿子总共二万多字，是在双十前两日内写成的，文字草率得非常，后来补作的时候，只是依着前日的底稿，也不曾多做修饰的工夫，自己真是不满意的很。也是因为本没有把他当作郑重的著作，只是把自己一时的怀疑和想法提出来罢了。若是要详细的修饰斟酌，那就要把里面许多地方加以补正，还要加入许多注子，许多正文也须要改作，文字也就仍旧要用文言，另作一部规模较大的论著。但是，现在还不敢相信自己已说得妥帖了，须是后日学业再有进益的时候再来整理。这篇稿子确实没有再印的价值，也还没到重印的时候，但既有这篇潦草的稿子在这里，把他印出来送给旧日的同学和现今爱讨论国学的先生们，作为一种通讯研究的材料，请大家不客气的加以批评指正，于我自己学业的进步确有莫大的帮助，这就是我再印这篇稿子的希望。

这篇稿子是一时潦草的作品，里面就有不少自相矛盾的说法，既说古学不立学官是河间献王的关系，后面又说是秦始皇焚书和立博士的关系，未免前后不符。六译老人已在这里提出来驳正了几句，这真使我十分感激而且非常高兴。全篇中像这样矛盾的地方定还不少。是因为这篇稿子的大意虽是短时间内所组成，但是所取材却有远至三年前的说法，前后见解既不统一，稍一疏虞便自相牴牾起来了。这的确是我潦草的过失。我本也没想做文，平素是最怯懦最缺乏发表勇气的，此回却因杨效春君的相强，才有这篇稿子的草创。六译老人既加以指正和鼓励，又嘱杨叔明君遗书论斠，才引起我再印的兴趣。今天有这本小册子和许多朋友通信讨论，我很感激杨效春君，尤其是很感激六译老人。

十二年六月十日

六译老人听读《近二十年来汉学之平议》后记

讲《春秋》是小统，孟、荀主之。讲《尚书》是大统，邹衍、《淮南》主之。

讲礼制突分《小戴》《春秋》说。西汉以上《白虎通》群以《春秋》说。突分大戴派，多同《周礼》，是古学根源。

今文学西汉盛说《春秋》是也。古文家据《周礼》以解《尚书》是也。

《易》《诗》天学，古文家说，隔靴搔痒。

河间献王不得立博士。古文家以朝廷所立为今学，河间所立为古学，一派谣言。今文所立博士，其详其慎。秦始皇所立七十二人，汉立博士是法古非创立。

蒙文通文如桶底脱，佩服佩服，后来必成大家，谨献所疑以待评定。

井研廖平记

一　绪论

近三百年来的学术，可以说全是复古运动，愈讲愈精，也愈复愈古，恰似拾级而登的样子。这三百年间的进步和结果，真是可惊。但别一方面却很退步，这又觉得是十分可惜的。这种复古运动的动机，自然是起自明代王学大盛以后。中国从前的学术，虽也时时都在变动，却都是循着直线向前发展的。到了王阳明以后，学问的前进，便是复古。从明末直到现在，只是把从王阳明起直到孔子时候的学术，依次的回溯一番便了。孔孟的道理，到了阳明的时候，可算是阐发得非常透澈，到近溪、海门一派，更是说得十分尽致，本没有可疑的地方，却为什么惹出了复古的问题呢？我想这不过是本自现成、不待学勉的说法，寻常一般人把这个道理捉摸不着边际，不知本是愚夫愚妇都与知与能的，本没有什么高深。本心原来是无私无欲的，原来是无欠无缺的，饥了便会要吃饭，寒了便会要穿衣，耳朵本来是很聪的，眼睛本来是很明的，见了恶臭便恶，见了好色便好，事父自然会孝，事兄自然会弟，这是人类的本能，他自要如此做去才安的。这不是遏抑得住、勉强得来的，是从他本心上自然而然的发出来的。只事事依着本心，一直做去，便是践形尽性的圣人。愚夫愚妇和圣人都是一样的，都是这个良心。只是愚夫愚妇不比圣人一丝一毫都依着本心，一点不敢瞒他，不比圣人对他的本心是自满、自足、自慊，没有一毫自歉的，只须不自欺便了。这个本心，便是天命之性；事事依着本心去做，便是率性之道。愚夫愚妇要吃饭、要穿衣、恶恶臭、好好色，件件事都是率性。圣人也不过是率性。只是圣人不拿那宫室妻妾之美把不屑不顾的心抑制下去、不敢丝毫自欺便了。这便是尽性。愚夫愚妇只是率性，只有圣人方是尽性。这个道理，用不着什么安排拟议的工夫，只在直下承担便了，事前不须准备的。一些人他们把这样明白浅显的道理，寻不得他的实际，反弄得不明白，在那里影响模糊的说。末流便成了狂禅一流。当时又有一些儒者，也是不曾讲明这个道理，但却不依希仿佛的随便说，却很厌恶一般流入狂禅虚渺弊病的人。他们便探寻阳明的说法，来责难那批流入狂禅的人，便又讲求朱子的学说，来救王学末流的弊病。东林守善一派人，大概都是如此。这是复古的初步。渐渐的朱学大盛，王学便遭一般人唾弃，便遭一般人攻击诋毁起来。到清初顾炎武、张尔岐的时候，他们笃信朱学，而对宋明的经学却又渐渐怀疑起来。他们因怀疑便去加以考证，结果发现宋儒朱子他们的错处，知道汉唐的是处，这是他们由怀疑而得的成功。臧琳、惠栋、戴震他们起来，便弃置不读宋儒朱子他们的书，因为宋儒的不足据略已证明了，不必再去讨论。这里便减省了一大部的工夫，一直就去讨论汉唐的学术。但在这里讲来讲去，又怀疑起来。考了许久，又发现魏晋王肃、何晏、杜预他们的错处，只有两汉是可信的，这便是他们的成功。他们的立脚点却是比顾、张高出一层了。既有了这段成功，又减省了后来人的许多工夫，一直只研究两汉。这里真得了许多满意的结果。如像张惠言专讲虞氏《易》，刘逢禄专讲何氏《公羊》，江声等讲马、郑的《尚书》，凡毛氏《诗》、郑氏《礼》、贾服《左氏》、三家《诗》、今文《尚书》、京氏《易》、许氏《说文》，皆有专家讲习，各经都有汉注的缀辑，许多人都在推求汉儒的家法。有这样的结果，总不能不说是臧、惠、戴、庄的遗泽。学者们在这里又渐次怀疑起来，他们知道汉儒有今文、古文两派家法的区别，这里便发生了今文派、古文派的问题。宋翔凤、魏源、龚自珍他们便起来攻击郑玄，陈奂、戴望他们也极力主张专讲西汉，说东汉有许多不可信的地方。他们这里的成功真是可佩。既讲西汉，同时又再前进一步更求周秦。他们的立脚点真是比臧、戴又高出一层了，岂不是又省却后来人的一段推究工夫？有这样的成功，真是可喜极了。从上面看来，宋明是一步，晋唐是一步，东汉是一步，西汉是一步，这真是拾级而登、愈复愈古了。但是今文、古文两个问题，在这里便引发了最近二十年经学界的争议了。近二十年间汉学的派别很多，可说是清朝一代的缩影，就说他是中国几千年学术的缩影亦无不可。一部分是陈兰甫、桂文烁的余波，是主张汉宋兼治的，一部分是不辨别今古的，却还有乾嘉风流，这两派都是前时代的余韵，也不甚惹人注意。最风行一世的，前十年是今文派，后十年便是古文派。什么教科书、新闻纸，一说到国学，便出不得这两派的范围。两派的领袖，今文家便是广东的康先生，古文家便是浙江的章先生。二十年间，只是他们的两家新陈代谢，争辩不休，他们的争议便占了汉学的大部分了。但是他们却莫有截断众流的手段、精明的眼孔，今、古的界限何尝分别清楚！到得近世井研廖先生著一部《今古学考》，真是平分江汉、划若鸿沟，真是论今、古学超前绝后的著作。因为他头脑分明，手段简捷，他擅长是讲《春秋》说礼制，仪征刘先生称他"自魏晋以来无此识力"。我敢说，石渠议后莫有可和他比拟的。近来讲今文的，谈古文的，何尝出得他的范围。或是采取他的说法，或是攻击他的说法，无论他们如何轻侮这位老人家，他们都是在《今古学考》的圈圈里打转。现在我拿出我的见解来讨论今古文两家的究竟，我也还是出不得《今古学考》的范围。我的意见自然有些和他不同，说我是脱离这部书在宣告独立也可。说近来的今文家、古文家和我这篇文字的主张，都是《今古学考》一书下面的三个修正派亦无不可。我不过是说出我的见解便了，至于现在所讨论争辩的今古学，是不是有修正的必要，和我所说的是否对，这却是个问题。我的见解，或许以后仍然是要继续不断改变和进步，并不是一成不变的，但是现在我却还没有变，却不放弃我的见解，我不敢附和雷同的跟着别人说。我是说现在讲经，是不能再守着两汉今古文那样讲，是要追向先秦去讲。这不是我在这里任意造说，只是前辈在那里安下许多石梯，费了许多心血，安稳一梯，后来者便会更进一步，又安稳一梯，后来者又更进一步。有了过去的某种成就，便会发生现在的某种成就，赓续的便会发生将来的某种成就，这是一定不移的。若是这里能够得到许多结果，岂不是又减省将来人的一段工夫，帮助他们更进步。待将来的人又指出我们的许多笼统和错误，这本是很应该的、很寻常的。

二　今学

今文家如像范升之伦攻击古文家说："费、左二学，无有本师，而多反异。"他们自恃的便是"五经之本，自孔子始"一句话，他们的经是师师相承、自孔子传来的，古文家的经是没有师承的（近儒说古文是刘歆伪造的，后面另说）。古文学是与他们参差反背的，他们十四博士是道一风同，讲法都是一样的，这是今文家很自负的地方。这十四博士里面究竟是不是完全一样，我们暂且不管他。我们要问他同是一样的原故在那里？我们今天说今文家说经是一样的，是不是大概根据礼制在说。礼制以外，自然还是有许多不同的地方。既是只有礼制才是一样，其间就有个极大的原故。我们今天看《白虎通义》这部书，全是今文家的说法，十四博士和他是相同的。《白虎通义》这部书就是专说礼制的书。《白虎通义》这部书的缘起，是汉章帝的时候，十四博士和五经诸儒在白虎观"讲议五经同异"的一些议决案。"讲议五经同异"这句话，就说明五经本有许多同异，章帝当时使魏应承制问，使淳于恭把大家所议的呈与他看，他才称制去决断判个谁是谁非，再使班固把议决后占胜利的一切说法荟萃一处来著一部书，便是《白虎通义》。可见五经的说法本有许多同异，经过这次会议后便是一样的说法了。这那里是本来就是相同的，只是上面有个皇帝一口咬定那个是、那个非，他们都不敢不从。这就是今文家的道一风同的原故了。礼制而外，皇帝不问，他们就仍然异的自异、同的自同。白虎会议是依着汉宣帝石渠会议来的。宣帝的时候，他召些儒者到石渠阁来会议，使梁丘贺问，使萧望之奏，宣帝来决定他们的谁是谁非。从《王褒传》看，宣帝讲六艺这种办法，又是遵修武帝故事。武帝当时，那一个会说，他就立那一个做博士，瑕丘公说不赢董仲舒，他就要《公羊》不要《穀梁》；董仲舒不能说屈韩婴，他也就把《韩诗》立在学官。我们从这看，便知道皇帝爱的就立在学官。但是，还有许多说法不同，又才使他们一一讲来，由皇帝亲自决断。皇帝爱神仙、信图谶，他们五经博士也就讲起灾异，五经章句都依着图谶，他们便说这是微言。《周官》那一部书，武帝说他是"末世渎乱不验之书"，自然不应立在学官了。范氏论《左氏》也说"先帝不以为经"。刘歆为立《佚书》《佚礼》《左氏春秋》与博士一封信，便激怒了他们，说是"非毁先帝所立"。可知今文的说法全是随着皇帝为转移。皇帝不爱的书，便不能立博士，博士也就排斥他们。他们的学问只好传授于民间，也不必跟着皇帝说，后来便与博士的学问分成两派，便分了个今文、古文的差别。简切说来，便是跟着皇帝的一派就叫做今文，皇帝不爱的一派便叫古文。近代的今文家都说古文是刘歆伪造的，何至如此！不过古文到了刘歆，他想把古文振兴起来，他借着王莽的势力，把古文经传通通立在博士，征聘天下通知佚经古记的人，前后数千，让他们都住中央廷中去讨论，《莽传》说他"将令正乖谬、壹异同"。是王莽也照石渠的办法做过。他的结果，后人无从知，大概是古文家占胜利。古文与王莽、刘歆的关系不过是如此，决不会尽是刘歆伪造的。这一部分书，从汉武帝起，已经在经师间讨论了，但是当时何以会完全排斥不用，其中也自有个原故。凡是《周官》《左传》《毛诗》《古文尚书》这部分书，都在河间献王那里，《周官》是李氏献的，缺《事官》一篇，献王购以千金，《毛诗》《左传》，献王都很珍贵他们，把这几部书看得很贵重。《佚书》《佚礼》《周官》《左氏》《雅乐》等，献王一齐都向武帝进献去，武帝把这几种书訾议了一阵子，便一齐藏之内府，不要人讲。刘歆说《佚礼》《佚书》《左传》"皆藏于秘府，伏而未发"。马融说《周官》"伏于秘府，五家之儒莫得见焉"。《礼乐志》说《雅乐》"天子下大乐，惟以备数"。河间献王献上的书，武帝一概排斥，究竟是为什么呢？看杜业说，武帝见河间献王很有学问，应对如流，他说了句："汤以七十里，文王以百里，王其勉之。"献王回去，就不再讲学，不久就死了。可见武帝因为忌刻献王，才一并排斥这一部分书。古文一部分书，都是受了河间献王的影响。古文学的内容，本来是镕合许多不相同的成分来冶为一炉的，其中有些是古史，有些是孔壁的佚经，有些是散在民间的经传，献王把他们一齐集合在河间来，后因武帝忌刻献王，他们同遭排斥，一同失败，于是结合起来自成一派，和博士反抗，这便是他们结合的缘起，是和今文学的结合是一样的。《汉书·艺文志》儒家有《河间周制》十八篇，说是"似是河间献王所述也"。这部书恐怕便是献王讲论五经同异得的结果了。古学的结合，当然是起自献王，新莽不过随着他走罢了。（别有《献王传经考》详论）

三　古学

从上面看来，今文家的根本已经惹人怀疑，根本已经动摇，他们攻击古文家的话就失了根据。我们再来看古文家，如像陈元他说今文家："固执虚言授受之词，以非亲见实事之道。"是说今文家的师承一概不足信，他们自己的书虽没有师承，却是左丘明一辈人的确亲自见过孔子，今文家依据的是末师口说，他们依据的是传记事实。许慎又加上一句说今文家"怪旧艺而善野言"的罪状。今文家诚然有如他们所说的流弊，但是古文自身因什么原故与今文家相背这么的甚，他们自己却又相同？这真是须要详细的讨究。我们上面曾经说过古文经传都在河间，古文经传既起初都在河间，我们就应该从河间去寻线索。传《毛诗》的是赵国毛公，传《左传》的是赵国贯公，《孝经》是河间颜芝所藏，《周官》亦是河间献王求书李氏所献。河间国本是六国时赵的旧地。再推上去，汉文帝得魏文侯的乐人窦公，把他的书取来看，便是《周官》的《大司乐》章；传《毛诗》的先师李克，曾经为魏文侯的相；传《左传》的先师吴起，又是魏文侯的将；魏文侯又有《孝经传》。这四部书总算是古文家的重要根本了，部部都在魏，可知魏是古文家的发源地了。始终都在魏、赵，不出三晋的范围，古文就是晋国流传的学问了。还有个最确的证据，就是《逸周书》和《竹书纪年》，《逸周书》是部古文派的书，朱右曾说"其间有晋史之辞"。就我看来，在孔子以前引此书的只有荀息、狼瞫、魏绛，都是晋人，说这部书出自晋国，应很可信。《职方》一篇，全同《夏官·大司马·职方氏》文。（中惟《周书》说凡国公、侯、伯、子、男，《周官》多出公、侯封国的里数有数十字，这就是今、古文两家大异的地方，确很引人怀疑，待考。）可以说这两部书都同是晋国的书。

《竹书纪年》本是晋史，杜预说："其著书文大似《春秋经》，诸所记多与《左传》符同，异于《公羊》《穀梁》。"这恰好证明《左传》也是晋人的学问。还有一个证据，便是晋用夏正的问题。僖公五年《左传》：十二月丙子朔，虢公奔京师。卜偃对晋献公说："其九、十月之交乎？"绛县老人说："臣生之岁，正月甲子朔。"这恰是鲁文公十一年的三月甲子朔。这都是晋人用夏正的证据。杜预说："《纪年篇》曲沃庄伯之十一年十一月，鲁隐公之元年正月也，皆用夏正建寅之月为岁首。"这是晋史用夏正的证据。我们再看《左传》，晋侯杀其世子申生，《经》书春而《传》在上年之十二月；里克杀其君卓，《经》书正月而《传》在上年之十一月；晋杀其大夫郑丕父，《经》书春而《传》在上年之冬；晋侯及秦伯战于韩，获晋侯，《经》书十有一月壬戌，而《传》为九月壬戌；晋侯夷吾卒，《经》书冬而《传》为九月；宋人取长葛，《经》书冬而《传》为秋；穀伯绥来朝、鄂侯吾离来朝，《经》书夏而《传》为春；齐公子商人弑其君舍，《经》在九月而《传》为七月。这都是《经》用周正、《传》用夏正的证据，都是《左传》本于晋史的证据。所以《左传》里面记晋国事特别详细。晋朝汲县人不准盗发魏国的墓，出了大量古籍，内中有《师春》一篇，专是集《左传》内说卜筮的事，上下的次第，书中的文义，都和《左传》相同，这也是《左传》是晋学的一个证据。《竹书纪年》《师春》都是汲冢中得的书，汲冢中又得有《周易》上下篇，与后世传的相同。别外又有《阴阳卦》，却没有《彖》《象》《文言》《系辞》。晋国的学问在这里也就见得出个大概了。他的《易》只有《上、下经》，他的《书》便是《周书》七十一篇，《诗》便是《毛诗》，《礼》便是《周官》，《春秋经》便是《纪年》，《传》便是《左氏》，别的有《名》三篇，好像《礼记》，又像《尔雅》《论语》。《论衡》说："河间《论语》九篇，合三十篇。"恐怕就有《名》三篇在里边。又还有《孝经》。但是，《周易》只有《经》，没有孔子的《彖》《象》各篇，他便与孔子不相干了；只去专说阴阳，这便是周家的旧派了。他的《书》也和孔子的《书》不相干，后人说他是阴谋之书，批他"慎戾"，是孔子删脱的；孔子的《书》，他又没有。孔子删定的《礼经》，他也没有，那里只有《周礼》。《左传》自然和《公羊》《穀梁》不同，《纪年》上面说什么"夏年多殷，益干启位，启杀益，太甲杀伊尹，文丁杀季历，周受命至穆王百年，共伯和行政，非二相共和"，更和六经所说离得远了。依这样看来，三晋的学问正是和孔子背道而驰的。古文家的书，认他是古代流传的史传便了，任他们各自分道别行好了。《贾山传》说："山祖父祛，故魏王时博士弟子，山受学祛，所言涉猎书记，不能为醇儒。"魏博士官立的是什么书，贾山又不能做醇儒，正是魏国学术驳杂的原故。到了汉朝，那一批古文家，他们便是循着这旧路前进，把一些古史传记都一齐混入经来。《礼记》里面的《投壶》《奔丧》一些篇目都是佚《曲礼》的正篇。可见这些删外佚经，前儒只认他作传记古史，后来却把他拉入《礼经》里，便多出了三十九篇来；《尚书》也是如此，便多出十六篇来，《周官》也要认他是经了；《春秋》里面又多出《续经》一篇了。他们深信古史传记，反说六经都是残缺的。我们看秦始皇本说的是："非博士官所职，天下敢有藏《诗》《书》百家语者，皆诣守尉杂烧之。"这说明博士的《诗》《书》百家语是不烧的。《论衡》《孟子序》《家语序》都说诸子是不曾烧的，更可证明《诗》《书》也是不曾烧的了。萧何入秦，收丞相御史律令图书，收之丞相的是律令，收之御史的便是柱下图书，这便是汉朝的"中古文"。并且还有一层，从六国一直到汉景、武的时候，朝廷里面的博士是从没有废的，民间还有许多儒者，都是师师相传不绝的，六经那里会残！直是他们信任古史传记，便拿着古史传记来疑议六经，拿古史的杂说来疑六经的师说，这里便生出许多枝枝节节的争议来。（别有《孔氏古文说》专论六经不残）

四 鲁学

既然今文、古文两家都不可信，那么经学应当怎样去讲呢？我们上面不是已经说明汉朝皇帝喜欢的一部分叫做今文，他不喜欢的一部分叫做古文吗！不是已经说明古文的源流，知道他是三晋的学问吗！我们现在就要再去推究这今文是那些学问组织成的，古文是那些学问组织成的。我们看古文学中自然是晋学占了大部分，后来又加入了壁中的古文，和未立学官（如费《易》等）的一部分学问。晋学里面有一部分是古史，有一部分也接近孔学，这几部分合起来，才成为古文学的。那么今文学又是那些学问来组织成的呢？最触目的一个问题，就今文学里边有一部分是谶纬、是灾异的内学，这部分学问是很靠不住的。但是前面我们推究今文的时候为什么没有说呢？因为内学这东西，本来不是经学内的，他是渐渐的才与经学相混的。汉儒无论那一派没有不混合内学来讲的，古文家后来也还是这样，不单是那一派的过错。今文的内容，除了内学部分还有些什么呢？今文家自负他是"道一风同"的，说古文家是与他们反异的，我们详细看看，他内面是不是绝没有相反异的地方。我们拿刘歆几句话来看，他说："往者《书》有欧阳，《春秋》公羊，《易》则施、孟，孝宣皇帝犹立梁丘《易》，大小夏侯《尚书》，义虽相反，犹并置之。"从这里便知道先立博士的欧阳、公羊、施、孟，与后立的穀梁、梁丘、夏侯，他们两部分是相反的。我们再看汉宣帝增立博士的原故，是武帝当初爱《公羊》，叫他的儿子戾太子学《公羊》，戾太子既学《公羊》，他私自去学《穀梁》，武帝知道了，就要戾太子学《公羊》不得学《穀梁》。武帝使讲《公羊》的先生董仲舒，和讲《穀梁》的先生江公二人辩论，董生会说，江公口讷，说不赢董生，武帝便尊《公羊》不立《穀梁》。到汉宣帝知道戾太子好《穀梁》，他便问史高、夏侯胜、韦贤这几位大臣，他们都答应说《穀梁》是鲁学，《公羊》是齐学，应该兴立《穀梁》。宣帝便召集五经诸儒来评论五经的同异，结果大家都说《穀梁》好，都跟着《穀梁》说，宣帝便把《穀梁》立在学官。可见宣帝的本意就在立《穀梁》尊鲁学。从前的是一派，有欧阳、有施、有孟，他们和《公羊》是一党的。后面的另是一派，有夏侯、有梁丘，他们和《穀梁》又是一党的。可知从前的一派是齐学，后面的一派是鲁学。据《百官公卿表》，宣帝的博士通计有十二人，前面已经说过八人了，还有的便是《齐诗》，是齐学，《韩诗》是燕学，与齐学接近，有《鲁诗》，有

《后氏礼》，是鲁学。十二博士的内容，我们已经知道就是这些。但是近人讲论多说十四博士，这是光武时建立的，与这里有些不同。就是不要《穀梁》博士，《公羊》分成两家，立颜、严两个博士，《易经》添个京氏，《礼经》不要后氏，添大、小二戴。前人多不明十二博士，我们既寻着十二博士，又略略分别为齐学和鲁学。还有部《论语》，汉人虽没有把他立在学官，却处处都把他看作六经一样，汉朝讲《论语》的也有《齐论》《鲁论》的派别，是和五经的齐派、鲁派相合的。至讲《诗》的《韩诗》，他是燕国的学问，韩生又兼传《易》，《论语》里面又有《燕传说》三篇，足见燕国的学术也还是很盛的，有《诗》有《易》有《论语》。统计起来讲，有鲁派，有齐派，有燕派（但燕派可附在齐派里，这是《今古学考》的说法）。我们便知道今文学是两部分学问混合组织的，一部分是鲁学，一部分是齐学，又混进去了一个内学，便组成了今文学。我们就从齐学和鲁学上去讨论，详细看他们有些什么不同处。

《鲁诗》是专讲故训的，《齐诗》《韩诗》便取《春秋》、采杂说，都讲五际、六情。《穀梁》是很纯谨的，《公羊》便有许多非常异义可怪之论。壁中《论语》同《鲁论语》是一样的，《齐论》便多了《问王》《知道》两篇，就是二十篇中，章句也较《鲁论》多些。可见鲁学是谨守旧义的，齐学是博采杂说的，一个纯笃，一个浮夸，这便是他们的大区辨了。汉武帝末年，民间得了《泰誓》三篇，便拿给博士去讲，欧阳氏便把这三篇加入他的经里去，可见他是不守师传的，所以郑康成说"欧阳氏失其义"。所以他的经特多，是三十二篇。大夏侯、小夏侯不肯像他这样，他们谨守师传，他们的经只有二十九篇，这不是和《齐论》比《鲁论》多《问王》《知道》两篇是一样的吗？可见欧阳是和齐学一党，夏侯是和鲁学一个样子的。孟喜传《易》，他得了《易》家候阴阳灾变书，他也就把他先生教他的书一齐合起来讲，恐怕别人不信，他就说是他的先生临死的时候传给他一个人的，别人都不知道。梁丘贺不承认他这种讲法，并且说他的先生临死的时候，没有他在面前。梁丘贺和他的儿子讲《易经》，是专用京房的方法，可知孟喜的《易经》，是和《公羊》的多非常异义可怪之论是一样的，梁丘谨守京房法，是和《穀梁》是一样的。孟氏是和齐学一党，梁丘是和鲁学一党，是很显然的。后氏是守着鲁高堂生的《礼传》来教人，所以汉宣帝没有立别的《礼》家来与他争。到他的两个弟子戴德、戴圣，他们便杂取了河间献王的《礼乐记》来，戴德取了八十五篇，戴圣取了四十九篇，这书本来杂乱非常，都是随手凑合的，所以郑康成说："《奔丧》《投壶》都是《逸礼》，礼家又贪其说。"二戴自然是和《齐诗》的取《春秋》、采杂说一样，后氏、庆氏自然是和《鲁诗》的谨守一样。十四博士里面又有一个京房，不是上面讲的京房，他是焦延寿的学生，焦延寿自说他是孟喜的弟子，但是孟喜别的弟子不承认他，说他得的是某家隐士的说法，这也是齐学了。光武把十二博士废了《穀梁》《后礼》，另添了颜、严、二戴、京房，把鲁学压下去，十四博士自然是齐学占了大势力。

　　齐学、鲁学的划分，我上面所说很和近代讲经的先生们大不同。他们的划分虽然各人不同，但大都是根据汉初经师是某地域的人来分划的，但完全这样分却未必的当。我们举个例子来看，申公的先生浮丘伯是齐人，为什么不把他叫《齐诗》？田何的先师有周丑是燕人，有馯臂子弓是楚人，为什么不叫他做《楚易》《燕易》？我认为汉人听说的齐学、鲁学，同近人说什么英国化、美国化一般，是根据他的主义来分辨。他的主义是从鲁国来的，便叫他做鲁学，他的主义是从齐国来的，便叫他做齐学。任他那一种学问，从六国传到汉初，没有不经过几国人的手的。我辨别齐鲁学是从他学问起源的地域分，根据他的主义来分，而不问在汉初是某国人传出来的。六经都是以邹鲁为大宗，本没有鲁学的名字，因为申培只传训故，辕固采杂说来讲，与他不同。看他们两家主义不同，寻他两家的来源，便把他一个叫做《鲁诗》，一个叫做《齐诗》。《论语》多了

《问王》《知道》，便分别他们一个是《鲁论》，一个是《齐论》。《公羊》有了非常异义，便分别他们一个鲁学，一个齐学。《尚书》《土礼》《周易》汉初没有人和他们不同，便不须立个对待的名目，他们都是鲁学（鲁国是经学的策源地，不会没有《易》《书》两经）。《易经》是从鲁商瞿传下来的，自然是鲁学。《汉书·儒林传》说："伏生即以教于齐、鲁之间，齐学者由此颇能言《尚书》。"说明鲁学本来有《尚书》，齐学没有《尚书》，齐学有《尚书》是伏生以后的事。因为伏生是济南人，所以才有句"齐学者由此颇能言《尚书》"的话。伏生既拿他的《尚书》在鲁教授，可见伏生《尚书》是从鲁国学来的，自然也是鲁学了。他们本没有什么怪诞的说法，这两经本来没有齐学，齐学的《易》《书》就和鲁学一样。田何的《易》本是鲁学，何授东武王同，同授淄川杨何，何授京房，所以梁丘氏专行京房法，便和《榖梁》是同一派的。伏生《书》本是鲁学，授济南张生，所以夏侯氏直传张生一派，也和《榖梁》同是一派。丁宽虽是出自田何，却别从周王孙受古义，已经不是纯粹田生一派。施、孟两家均出丁宽，他们的学问已经杂了，和《公羊》接近些。兒宽虽也出自伏生，但他又从孔安国受古文，欧阳氏出自兒宽，他们的学问已经杂了，所以和《公羊》接近。所以他们两家不及梁丘、夏侯专传鲁学来得纯粹。

王阳本是《齐论》，他叫儿子王骏从梁丘临学《易》，而王骏传的《论语》便是《鲁论》，这明是从梁丘临继承鲁学来改换他家传的齐学了。夏侯也是传《鲁论》的，他是鲁人，说："宜兴《穀梁》，《穀梁》鲁学，《公羊》乃齐学也。"便知夏侯也确是鲁学了，他是排斥齐学的。这便是我说的齐鲁学。

从上面看来，鲁学是谨守师传的，齐学是杂取异义的，齐学自然不及鲁学醇了。但是刘歆说："重遭战国，孔氏之术抑，而孙、吴之术兴。汉兴，去圣帝明王邈远，仲尼之道又绝。"认为仲尼之道早已经绝传了。他又说："至孝武皇帝，然后邹鲁、梁赵颇有《诗》《礼》《春秋》，先师皆起于建元之间。"这就是说，汉人经学都是汉武时才兴起的。这些说法完全靠不住，全是刘歆造来诋毁今文家的。我们看太史公说："天下并争于战国，儒术既绌焉，齐鲁之门学者独不废也。高帝围鲁，鲁中诸儒尚讲诵习礼乐，弦歌之音不绝，岂非圣人之遗化好礼乐之国哉！汉兴，然后诸儒始得修其经艺。"孔子的六经何尝绝传，本是讲诵不息的。史公又历举申公、伏生、辕固、韩婴、胡毋生、田生、高堂生，这些或是秦时博士，或是见高祖于南宫，或是文帝、景帝的博士，怎么能说"先师皆起于建元之间"呢？真是太伪妄了。范升诋"费、左二学无有本师"，而自矜"五经之本，自孔子始"，明是说古文没有师承授受，今文全是源出孔子，有授受可考的，所以陈元也反诋他一句"固执虚言授受之词"。明汉儒之有师传可考，各家自己都知道，只是载记残略，我们今天已没处去考，并不是没有师传。史公学《易》于杨何，学《道论》于黄子，《史记》一书，只有《周易》和《老子》的传授才可考，因为这两家是太史公的本师。其外各经，决不是没有传授可考，只是史书缺略，没处去考罢了。

五　齐学

鲁学是六经的正宗，孔子的嫡派，是醇正谨守的。现在要知道齐学驳杂是什么原故，这便应该考察齐国学术的本真。六经原不是在齐国产生的，齐国也决不专用那一个人的学问、那一派的学问来教全国遵从。《史记》说齐国自威王、宣王的时候，"喜文学游说之士，自如邹衍、淳于髡、接予、田骈、慎到、环渊之徒七十六人，皆命曰列大夫，不治而议论，为开第康庄之衢，高门大屋尊宠之。"孟子一批人他们亦曾在稷下列大夫里面。孔门其他传六经的人必定也有在齐国的，所以郑康成赞《尚书》说："先师棘下生亦崇此学。"到齐襄王的时候，齐尚修列大夫之缺，而荀卿三为祭酒焉。谈说之士期会于稷下，中间有好几十年，孔子的六经必定是这个时候传到齐国去的。稷下大夫他们到底注重那些学问，据我的朋友唐迪风所考，有阴阳家的邹衍、邹奭，儒家的孟子、荀子，墨家的宋钘，名家的尹文，法家的慎到、田骈，道家的接予、环渊，又有田巴，又有传《尚书》的棘下生，还有徐劫似乎也是稷下列大夫。这样看来，太史谈把战国学术分成六家，稷下先生六家都是有的。孔子的六经，在稷下只好占个小部分。这一小部分的六经，和百家学术在这里就混合起来，百家诸子的学说里边混有孔子的理论，孔子六经里边自然也有诸子百家的理论，齐国以后传出来的六经自然也就没鲁国传下来的纯粹了，鲁学和齐学从这里起便有个大区别了。

　　那和齐国学术接近的燕国学术呢？自然是跟着齐国来的。燕昭王收破燕以后，卑辞厚币以招贤者，乐毅自魏往，剧辛自赵往，邹衍自齐往，虽不如齐国之盛，齐国以外，也只有燕国了。齐有稷下，燕有碣石宫，也可算是两相晖映了。从韩非说来，荀卿也曾经到过燕国，孔子的六经从齐到燕，也必是这个时候，也是在这里同诸子百家混合起来。燕国的学术虽和齐国有不同，却在六经和百家混合这点上便是相同的，所以燕学可以和齐学合在一起讲，这便是六经传下的燕学了。

　　从上面看来，燕国的学术是和鲁国不同的，鲁国的学术是和齐国不同的。当时六国的学术也没有一个相同的，水土风气不同，君上好恶不同，就形成国异政家殊俗的样子。许慎说："分为七国，田畴异亩，车涂异轨，律令异法，衣冠异制，言语异声，文字异形。"这就是个大概情形了。他们不同的重要部分在那里呢？李斯说："异时诸侯并争，厚招游学"，"天下散乱，莫之能一，是以诸侯并作语，皆道古以害今，饰虚言以乱实，人善其所私学，以非上之所建立，今皇帝并有天下，别黑白而定一尊，私学而相与非法教，人闻令下，则各以其学议之。"他们不同的重要部分就在"法教"，诸侯招些游学来并作语，都说的是治国的制度法教。私学便是燕学、晋学那些人，那一国的人就说那一国的法教好。假使秦国下的命令有所建立，他们都拿起他本国的说法来议论，这些私学因此激怒了始皇，便惹出焚书坑儒的大祸。但是他焚书的时候，却说"史官非《秦纪》皆杂烧之"，"非博士官所职，天下敢有藏《诗》《书》百家语者，悉诣守尉杂烧之"。这里却不烧博士的《诗》《书》百家语，单烧诸侯的史记。太史公也说："秦烧《诗》《书》，诸侯史记尤甚，为其有所刺讥也。"这里也说史记有些讥诮秦国的话，秦始皇特恶他。大概诸侯的法教，处处都和史记是相关的。我们看孔子往周求史记和问礼老聃本是一件事，老聃就是史官，明是礼便在史记里边，各国相传的法教就在各国史记里。秦烧了诸侯的史记，便做明法度、定律令的事业，是把种种的障碍已经除去了，秦要焚书，是因为诸侯史记上的法教。各国学术的不同，也就是史记的法教不同，史记便是他们治国的典章、治国的方法。《六国年表》说："独有《秦记》，又不载日月，其文略不具，然战国之权变，亦有可颇采者。"是《秦记》那部书的体例和《春秋》不同，《春秋》载日月，《秦记》不载日月，当中又记了些战国的权变，那书一定是和《国语》一样的了，诸侯史记大概也是如此。《春秋》是国政大纲，《国语》便详说其委曲；《春秋》是右史记事之书，史记是左史记言之书，一略一详，是相为表里的。孔子要修《春秋》，便要参考史记，墨子曾经见过百国《春秋》，周之《春秋》、宋之《春秋》、燕之《春秋》、齐之《春秋》，这些和诸侯的史记，都是各国治天下的书，所以说《春秋》天子之事也，所以说《春秋》经世先王之志。各国的方法，各国的史文，是不相同的。孔子的学问传到别国去，齐国的学者，便拿讲齐国史记的说法，来讲鲁国的《春秋》，便是《公羊》一派；三晋的人，拿三晋的史记来讲鲁国《春秋》，便成了《左传》一派。汉代还有什么《邹氏春秋》、什么《夹氏春秋》，恐怕都拿本国的史记来讲鲁国的《春秋》，或者就是燕之《春秋》、宋之《春秋》改头换面的东西。他们里面的不同，应是制度法教的关系占了一大部分。齐学和鲁学的不同，是这点礼制；鲁学和晋学不同，也是这礼制不同；古文和今文的不同，南学和北学的不同，都是礼制的关系占了大部分。《春秋》是鲁国的旧史，是孔子重新笔削的，《穀梁》便是鲁国人传鲁国的《春秋》，自然比齐国人传鲁国的《春秋》、魏国人传鲁国的《春秋》，纯正的确得多了。齐国、魏国传出来的，都只算旁支，那里比得着鲁国传出来的嫡派。

六　晋学

齐学和鲁学不同的根本原因，是齐学本重百家言，孔学不过是在其间占了一小部分，诸子与六经混乱，这派孔学便不纯了。又加之燕齐海上之士好言方术，这派学说同时也和六经淆混，所以好言灾变，便成为齐学的特征。三晋的学问和鲁学的不同，其根本原因又在那里呢？这便要看三晋根本的学问是什么。魏国是有博士的，贾山的祖父祛是魏国的博士弟子，贾山涉猎书记，不能为纯儒。从这里便可想见晋国的情形，立在学官是些什么学问了。从前面的讨论可知，魏国的博士一定是有《周易》上下经、《易繇阴阳卦》了，一定是有《周书》七十一篇，《毛诗》《周官》《左氏春秋》了，一定是有《孝经》及河间九篇《论语》了。但汲冢所得除《周书》《周易》而外，还有《纪年》《琐语》

《缴书》《生封》《大历》《图诗》各书。《纪年》自然是未修《春秋》之类了，《易经》没有孔子的《彖》《象》，不过是一部占卦的书，和《生封》《大历》的价值是没有什么差别。魏国人把这几部书一齐放入冢中，自然是一样的重视他们。《国语》载申叔时列举几种教太子的书，有《春秋》《世》《诗》《礼》《乐》《令》《语》《故志》《训典》，这是楚国把《世》《令》《语》《故志》《训典》和《春秋》《诗》《乐》一样的重视，假使楚国有学官立博士，这几种也必平行并立。从这样看来，魏国的《生封》《大历》是和《周易》《周书》平行并立一齐都在学官的，魏的博士，这里便窥见十九了。他们的学问，尽是些古史，是些射、御、书、数之类，楚国的三坟、五典、八索、九丘，也只是这些罢了。王子朝奉周之典籍以奔楚，也不外是这些东西。

孔子未删六经以前，教弟子是些什么东西，他那"博学于文"的内容恐怕很复杂，当然不止六样。《庄子》说孔子"翻十二经以说"，当然也不外是这些东西。孔子晚年，从十二经里面加以删订，才只保留六经。未定六经以前，自然仍留着旧史，所以有十二经那样的多。晋国的学问，根本是古史，孔子的弟子后学如像子夏、李克、吴起一般人，都显重于魏，孔子的学问自然也就传到魏去。在这里，二者便化合起来，这一派的孔学，便又不是纯正的孔学，孔子的学问里边混入了许多古史的说法。其实，孔氏之学是和古史不同的，庄周说："其明而在数度者，旧法世传之史尚多有之；其在《诗》《书》《礼》《乐》者，邹鲁之士、搢绅先生多能明之；其数散于天下而设于中国者，百家之学时或称而道之。"庄子把当时的学术平行记述，分为三类：旧史为一类，《诗》《书》《礼》《乐》为一类，百家为一类。《诗》《书》自以邹鲁为嫡派，旧史恐怕就算三晋了，百家之学恐怕齐为最备了。是鲁学、齐学、晋学三派，就是《诗》《书》和百家和古史三派了。邹鲁派的学术传到齐国，便和百家言淆混起来，于是便有齐学；邹鲁的学术转到三晋，便和古史派淆混起来，于是孔门便有晋学。孔子的学术，除一个嫡派鲁学外，又有两个支派，一个便是齐学，一个便是晋学，三派各有他们的本来面目，分户别门，真是离之则两美；到他们都与孔学混合，古史、百家二派便渐渐的湮没，孔经的本来面目亦被他们混乱，便分争不休，这真是合之则两伤。齐人百家言与孔学淆混便成了齐学，后来齐学又和鲁学结合起来，《封禅书》说：始皇"东巡郡县，祠邹峄山，颂秦功德，于是征从齐鲁之儒生博士七十人，至乎泰山下"。这是说秦的博士，是齐、鲁并用的。《始皇本纪》载始皇说："吾前收天下书不中用者尽去之，召文学方术士甚众，欲以兴太平，方士欲练以求奇药。"这是说始皇的博士中，有文学，又有求奇药的方士。从这里看来，始皇的博士是合鲁学、齐学和方士的内学为一家的。我们再看始皇时的博士，有伏生，这便是《诗》《书》邹鲁一派；有羊子、有黄公，这便是百家言齐学一派；有卢敖，这便是神仙内学一派。汉人所讲的今学，便是这三派合成的。到汉文帝时，博士有鲁学派的申公，有齐学派的贾谊（通诸子百家之者），有内学派的公孙臣，便知汉初的学术是跟着秦朝来的，今文一派，是从秦起的。秦始皇最排斥的是那一派呢？司马迁说："秦烧《诗》《书》，诸侯史记尤甚，为其有所刺讥也，史官非《秦纪》皆杂烧之。"马融说："秦政酷烈，与《周官》相反，故始皇禁挟书特疾恶欲绝灭之，搜求焚烧之独悉。"这样看来，始皇最疾恶的是《周官》，是古史的一派，就是最排斥的是三晋派。《诗》《书》百家语，秦是不曾焚的。汉时传于民间的古学一派，便是始皇所最排斥的那一派。今、古两派之分，就是从始皇起的，汉朝不过是随着他来罢了。讲今学、讲古学，是汉人的说法，是秦以后的说法，是讲不到六国时的。因为汉学的根本只是沿着秦来的，六国的学术，只有汉初诸王那里还有些，但是都被朝廷压抑下去了。三晋一派古史的学术，河间献王那里尽有，他还立了《左氏》《毛诗》博士。到献王遭武帝忌刻忧死以后，毛公、贯公这批人也就散在民间，《周官》一派的书，也就没人传习了。燕齐一派百家之学，大概尽在淮南，淮南王集合起苏非、李尚、雷被、伍被、八公、九师一批人，也著了些书，到淮南王安坐罪以后，他们也一齐被杀了，这一派学术也就从此绝灭了。秦时立在学官的百家语，武帝也尽行把他废了。当时的学术，只有在楚的申公、穆生一批经学家，和在吴梁的枚乘、邹阳一批词赋家和道家，这几派很受汉朝的尊崇。在汉一代，只有他们是很盛的，别的学术都一齐绝灭了。秦以前的学术，便寻不着了，秦以前经学的派别，也见不得了。我们现在从今文里面，慢慢的寻出鲁学、齐学、内学几部分来，从古文里面，寻出古史、晋学、佚经、壁书几部分来，然后专从鲁学、齐学、晋学入手，这便是秦以前的旧说，这便是还了六国的本来面目，这便不落入汉人窠臼，是不能再死守汉人成法的。

七　王伯

从汉儒学术里详细分析，便寻出来鲁学、齐学、晋学的踪迹。又详细推证，才知道齐学本是百家言，晋学本是古史家，只有鲁学才是孔子的嫡派。但这三派在经学里最显著的差别是什么呢？礼制总算是大宗了。从礼制方面着手，去分别古来的学派，这是廖先生作《今古学考》胜人一着的地方。《今古学考》里边，辨别今、古两家礼制的异同，本极分明，又说"齐学出入二家，兼采今古"，所以又有"齐学消息于其间"的话。《今古学考》在这个地方，已经提出三家分庭抗礼的说法了，也就是《春秋》三传对抗的说法了。但是，为什么齐、晋两派他们的礼制和鲁学的礼制不同呢？这确是今天要仔细研究的地方。

《左传》文十五年里说："诸侯五年再相朝，以修王命，古之制也。"昭三年《传》又说："昔文、襄之霸也，其务不烦诸侯，令诸侯三岁而聘，五岁而朝。"这说明晋文霸了天下，便制起礼来，和古制不同。郑康成注《王制》，说《王制》之大聘与朝"晋文霸时所制也"。《左传》说的朝聘是诸侯朝诸侯，《王制》说的朝聘是诸侯朝天子，郑康成扯来混起说，这本是郑康成的错误，但这句"晋文霸时所制"的话，我们便知道礼家先师有晋文改制的说法。我们前面既已证明古学是晋学的末流，从这里又知道有晋文改制的事实，那晋学特殊的礼制便应是文襄的霸制了。我们从《国语·齐语》看，又记载了许多管仲在那里为着齐桓公改制变法的说话，齐学和鲁学礼制的不同，岂不是齐桓的霸制么！《汉书·刑法志》上说："周道衰，法度堕，至齐桓公任用管仲，于是乃作内政而寓军令焉，故卒伍定乎内而军政成乎郊。齐桓既没，晋文接之，亦先定其民，作被庐之法，然其礼已颇僭差，又随时苟合，以求欲速之功，故不能充王制。"这里便明明是一段齐桓、晋文改易王制的师说，从"作被庐之法，然其礼已颇僭差"两句，又见得出晋文改制比齐桓改的厉害得多，所以齐学和鲁学还相近，晋学便和鲁学相远了，愈变愈甚。到了商鞅在秦变法，那便和鲁学风马牛不相及了。这些便是孔子说的"天下无道，礼乐征伐自诸侯出"了，便是《诗序》说的"王道衰，礼乐废，国异政，家殊俗"了。这里便知道齐桓、晋文改制，就是礼乐征伐自诸侯出，他们"不能充王制"，自然便是霸制了。孔子用的才是鲁国存留下的周公之法。韩宣子适鲁，见《易象》与《春秋》，便说"周礼尽在鲁也"。可见周礼只是鲁国还存在，晋国自文襄改制以后便完全没有周礼了，宣子去到鲁国才见了一点。《礼记》又有"鲁，王礼也"，"吾观周道，幽厉伤之，舍鲁何适"的话，这些便是孔子尊周用王礼的说法。可见晋学、齐学和鲁学的不同，便是王制、霸制的不同，只是"王""霸"两个字的差别。《管子·小匡》说："制国以为二十一乡，商工之乡六，士农之乡十五，公帅十一乡，高子帅五乡，国子帅五乡，参国为三军。"《春秋繁露·爵国篇》说："公侯大国四军，其一军以奉公家也。"董仲舒是公羊家，是齐学的说法。董子说的四军，便是管子说的二十一乡，管子说的三军，便是董子的一军以奉公家，这是齐学的旧说，说诸侯是四军，一军是一万人。《左传》说晋文搜于被庐，"作三军，谋元帅"。《周官》说"大国三军"，每军是万二千五百人，这是晋学的说法。《穀梁传》说："天子六师，诸侯一军。"《左传》也说"王命晋武公以一军为晋侯"，这是春秋初年的制度，这便是鲁学的说法。许慎又说每军是四千人，不敢定他是不是鲁说。从这里便可见齐、晋的制度，是和鲁学及周家的旧制不合的，便见得明白齐、晋改制和鲁用王礼的地方。管仲向桓公说："公欲定卒伍，修甲兵，大国亦将修之，而小国设备，则难以速得志也。"于是才作内政而寓军令，这本是管仲创霸的计谋。但是《周官》何尝不是作内政而寓军令，何尝不是霸国的计谋，所以何休要说《周官》是六国阴谋之书了。再拿一件事来证明《周官》是晋国的办法：《左传》《国语》都说晋"于是乎作爰田"，可见古来没有爰田这个办法，今天才从晋国开始的。贾逵、服虔、孔晁他们都说爰田就是易田，就是《周官》里所说的"不易之地家百亩，一易之地家二百亩，再易之地家三百亩"了，爰田若是周公的制度，何待晋惠公才始作？《左传》《国语》都说晋惠公作，则《周官》是一部晋国法典，大致也就可决定了。再看《刑法志》上面说的被庐之法究竟又是怎么一回事？《左传》上说："子犯以民未知礼，于是大搜于被庐以示之礼，作执秩以正其官。"可见被庐之法是和《周官》相类的一部书，《周官》或者就是几经修改的被庐之法。《战国策》说："吴与楚战于柏举，三战入郢，蒙谷负鸡次之典以浮于云梦之中。昭王反郢，五官失法，百姓昏乱，蒙谷献典，五官得法，而百姓大治。"可见鸡次之典记载的便是五官之法，楚失了鸡次之典，就百姓昏乱，晋作被庐之法，便民听不惑，这是一样的事。可见各国都有各自的法典，被庐之法便是文襄创霸的法典了。上面讲到，古制诸侯是五年再相朝，文襄霸制改作诸侯三岁而聘五岁而朝，疏家说他是"所以悦诸侯也"，是把周的旧礼变得简便些，拿来要好于诸侯。五年再相朝变为五岁而朝，是要要好诸侯。《王制》五年一巡狩，《周官》是十二年一巡狩，何尝不是一样的要要好诸侯。这里便见得出齐晋时霸制，是不惜损坏周家的旧礼来要好诸侯。从一军、四军、三军异制，便见得出霸制是不惜强迫全国的人都去当兵、来威服天下的。这里便见得他们是轻朝聘而重卒伍，便是弃礼而贵兵，这便是他们和鲁学根本上大异的地方，这是王、霸根本不同的地方。司马迁说："以讨伐为会盟主，政由五伯，诸侯恣行，孔子明王道而次《春秋》。"说明孔子是主张王道反对霸功的人，《春秋》便是孔子阐明王道的书。孟子说："《春秋》，天子之事也"，"仲尼之门无道桓文之事者"。这是孟子深知孔学主义的地方，所以《孟子》这部书是和鲁学的礼制相合的，他又说出许多孔学的微言，他真是邹鲁学的嫡派。齐桓、晋文都是"随时苟合，不能充王制"。齐学、晋学虽是讲孔子的学问，却时时留着桓、文霸制的余迹，只有鲁学才是笃守王制的。近代讲《春秋》的经师，如许桂林便说"《左氏》左袒晋三家"。钟文烝说"《公羊》解经多有护齐者"。《左氏》祖晋、《公羊》护齐二语，便是证明二学是齐、晋二国学问的发端了。郑东父说："《左氏》是霸道，《公羊》是鲁道，《穀梁》才是王道。"这便是分别王霸的发端了。其实《公羊》也是霸道。今天讲学的人，只要明得王、霸异制这个道理，使齐、鲁分流，经术里边许多纠葛便可一刀两段，比从前只守着两汉的今古学讲，真要了当直捷得多了。

八 诸子

《庄子·天下篇》把当时的学术平行论述了一番，说是有旧法世传之史一派，有《诗》《书》《礼》《乐》一派，有百家之学一派。这三派学术，在当时都是很有势力的。我们拿他这几句话来仔细推寻，便可知汉人的学术，古文的晋学和今文的鲁学、齐学，是从这三派蜕变出来的。但是，晋、鲁、齐是这三派的末流，内中只略略保存了他的一小部分，这三派却是自有他本来的整体，我们这里便应该把他的整体略说一下。

推寻这三派的本来面目，这便是推本鲁、齐、晋三派的本源，也便是说明他的真象实际，和孔学在当时的关系。庄子说的旧法世传之史，这一派本是古代文化遗留下来的化石，在当时有许多人还是守着这些古董在那里讨生活，这是一般崇古的人，可说是当时的旧派。六经和百家，他们既和旧法世传之史异派，便要认他们是新派了。有了从前那些旧学术，又从那里边发生出两派新的学术。儒、墨同是尧舜、同非桀纣，但他们所认识的尧舜各不相同，这里便见得出新派是从旧派来的，但是对旧派是有修正和发明的，不得纯是抄袭。旧的学术又是什么呢？除了从晋、楚见出的那些杂碎的书册外，便是汉人常称的"黄老"中的黄帝了。黄老虽然同是道家，但据我看，黄帝之学的范围，确和老子之学的范围是不相同的。伊尹、太公等人的书，《汉书·艺文志》都列在道家，但是他们的范围却也是很广的，可见较古的道家和老子以后的道家很不相同了。《艺文志》里道家有黄帝的书四种，和《力牧》一种，这显然是奉黄帝为道家的始祖了。阴阳家里有《黄帝泰素》一种，这便说明阴阳家也是黄帝的学问。法家的申子和韩非，司马迁都说他是"本于黄老"。名家的尹文，刘歆也说他是"本于黄老"。杂家有《孔甲盘盂》，这又是黄帝之史。小说家的宋子，刘向也说他"其言黄老意"。兵家、数术、方技中黄帝的书，更不一而足了。足见这些学问都是从黄帝道家来的。伊尹的书，《汉志》在道家，《别录》在兵权谋，这样看来，伊尹是道家又是兵家了。太公的书，有《谋》、有《言》、有《兵》，司马迁说："周之阴权皆宗太公为本谋。"管子的书也在道家，更是复杂了。这三个道家，也是和黄帝一样的范围广大。苏秦读了太公的《阴符》，便是纵横家，张良从圯上老人受书，就是《太公兵法》，这便见得纵横、兵家都是太公的学问，都是道家的一部分了。我们也承认这几部书是有依托的，但也还是这种学术于他有关系才会依托。可见道家黄帝的学术范围包罗得很广，专讲清虚无为的道家，是从老子起才有的。老子只传得道家内圣之学，他算是道家的新派，并不是古道家的全体，道家还有一部分外王之学，老子却把他忽略了。这足见中国古代的学术，只是古史和道家罢了。到后来，古史多从三晋看出来，道家内圣的学问却是楚人占了大半，这也算是"南人约简，得其菁华；北学深芜，穷其枝叶"。黄帝的学问，从伊尹到太公、管仲，都是一派下来的。到周的时候，周公是和太公不大相同的，一个讲道德，一个讲仁义，一个是讲兵权，一个是讲礼乐，便对抗起来了。太公是道家的法嗣，是旧派；周公是儒家的始祖，是新派。从周初直到春秋末年，经过了许多的战争，社会自然便发生了许多变化，旧的学说是不能满足适合人民的思想的，旧的制度也维持不住社会的现况，这便自然会发生新的进步的哲学。儒家有个紧接周公的孔子，修订六经，发挥仁义。道家的学术，便四分五裂，发生了许多的派别，只有老子守着他一部分要约的内容，这便是庄子说的："天下大乱，圣贤不明，道德不一，天下多得一察焉以自好，譬如耳目鼻口，皆有所明，不能相通，犹百家众技也，皆有所长，时有所用。虽然，不该不遍，一曲之士也。"九流百家便一齐都从这里发生出来，但是他们都归本于黄帝。所以司马迁说"百家言黄帝，其文不雅驯"，庄子又说他们都"各为其所欲焉以自为方，不见天地之纯、古人之大体，道术将为天下裂"了。庄子在这里接着详细把那些一曲之学序了一下。他便数了六派：一派是墨翟、禽滑厘，这是墨家。一派是宋钘、尹文，《非十二子篇》是把宋钘、墨翟看成一家的，陶潜也说宋钘、尹文都是墨家。一派是彭蒙、田骈、慎到，这是道家。一派是关尹、老聃，一派便是庄周自己，这都是道家。一派是惠施他们，便是庄子说的别墨，自然也是墨家。庄周这里所说的六派，有三派是道家，有三派是墨家。庄子在这里详细的评论百家，但对别家都不曾提及，自然是因为当时的学术，除孔子而外，只有道家、墨家最盛了。庄子以后评论诸子的，又有荀卿，他在《非十二子》一篇里，把当时的学术分出六派来：纵情性的是一派，忍情性的是一派，僈差等而无法的是一派，尚法的是一派，不法先王的是一派，略法先王的是一派。尽是两两相反的，那只认他是三个正面和三个反面便了，认他是三股罢了。这三股里面，魏牟、它嚣是道家，陈仲、史䲡或是史家，便和他相反；墨翟、宋钘是同一主张，慎到、田骈便是反墨家，他们都是法家；子思、孟子在这里荀卿只认他是儒家的一派，惠施、邓析便是反儒家，他们都是名家。不论是儒家和名家，或墨家和法家，他们的学说是根本相反的。荀子正是提出他们相反的部分，在这里比较论列罢了。在这里便见得荀子评论当时的学术，注重的只是道、墨、儒三家，又取三个和他们相反的来陪衬一下便了。司马谈也评论得有六家，但是那里面的阴阳家，本不算是有价值的学术，只是他是个讲天官数术的人，所以他要推重阴阳家，其实只有五家可论。却是这五家里面，法家是道家的支流，彭蒙、田骈、慎到便是由道家变法家的过渡人物；名家只是别墨，是墨家的支流，苦获、已齿、邓陵便是从墨家变名家的过渡人物。那么，这里的四家就只能说是两家，加上儒家的孔孟，还只是三家便了。可见当时的学术，根本上只是三家，添入一个名、法，也还只是五家，这才是很有价值的学说。《淮南子·要略》是为说明各种学术是拿来供社会需要的，他不是为讨论学术在讨论诸子。刘向是为了整齐艺文，好的和坏的是要一齐收集的，也不是单提有价值的学术才讨论。这样看来，九流十家是不能一律看待的，有价值的只有庄、荀、司马说的五家便了，其实只是三家便了。这三大派在当时各立一个门户，在那里攻击辩难不休，我们若唐突的下一个批评：道家只顾神秘的生活，不免遗掉了形而下的一层；墨家是只顾现实的生活，不免遗掉了形而上的一层；孔家不是调和于两家之间，也不是取他们一家半头来凑合起成一块，只是他的学说不溺于物，不沦于虚，是他认定性灵只是气质的性灵，他是认形而下便是形而上，是打成一片的，是灵肉一致的。这种说法便自立于二者之间了，又是很正确而且恰是人类的本性的。我想，这便是孔学至中至正的地方，也就是孔学能够得到多数人同意的地方。凡是一种学术，无论在什么时候、什么地方，有了个大中至正的，别的便有一个过、一个不及，这种情况是免不掉的。就是同是孔学，我们认定洛学二程是对的，从他的近处看，便有一个是涑水，一个是百泉，做了个过、不及；从远处看，便有个朔学和蜀学，又是个过、不及，从他的弟子看，便有个胡氏家学和吕氏家学，又是个过、不及；推到很远的地方来看，若是说中国的学术在世界上占的什么地位，也可说欧洲哲学和印度哲学，又是个过、不及：随处都有这种情况的。

老、孔、墨三家的势力都是很大的，晚周的学术界，只是他们的学术最盛。孔子的学说，从邹鲁渐渐的流往别处，就有鲁、齐、晋三大分支。墨家后来便有个别墨的名家，他是渐渐的传往南方，便是庄子所称的"南方之墨者"那一派。道家后来又生出最盛一派的法家，纯粹的道家学术也渐渐传往北方去，这一下齐、魏都有道家了。我们若是就当时的学术从地域上来划分一下，便见得出荆楚最盛的便是文学，道家和词赋要推荆楚是策源地了，这是当时的南方派。古史最盛的便是三晋，六国时的法家都是三晋人，法家和古史要推三晋是根据地了，这便是当时的北方派。墨家的墨翟和别墨的名家邓析一流，他们是郑、宋人，可见墨家和别墨的名家，郑、宋便是他们的蕃衍地，这便是当时的中央派了。《诗》《书》《礼》《乐》当然是以齐、鲁为最盛，逐渐才传播到各地去的；燕、齐海上又有许多阴阳方士，说些迂诞奇诡的话，这却不算一种什么学术，但是流传到后来便成了内学一派，这便是当时的东方派，当然是儒家《诗》《书》占大宗了。司马谈分的六家，在这里都大致说过了，却只有秦国自从由余、商君以来，都厌弃《诗》《书》，商君劝孝公"焚《诗》《书》而明法令"，秦国也就没有学术了，所以荀卿便说"秦无儒"，这是当时的情实，西方是毫无学派可讲的。在百家争鸣、攻击不已的时候，学术界便发出需要统一的趋势了，吕不韦趁着这机会集合许多宾客在那里合作，著出了八览、六论、十二纪来，这便是当时的杂家，他是想集取百家之所长，不专主那一派的。到始皇统一了天下的时候，他把《诗》《书》、百家语这两大派，一齐都立在学官，便禁止民间收藏这两派的书，他最厌恶的是"人善其所私学，以非上之所建立"，最厌恶的是"私学而相与非法教"，他是要用政治的力量把百家私学统一起来，从此，百家私学便一落千丈。到汉武帝罢黜百家以后，诸子学说便从此衰歇，只有官学一派独传了，只有儒家和道家独传了。所谓三大派中，墨学便成了绝学，名家、法家也渐绝灭了。我们在这里见得出一些原故来。我们已说明道家是侧重神秘方面的，墨家是侧重现实方面的，墨家和名家、法家都同样注重理智，孔子和老子却都是注重情意，墨家一派的失败，可说是理智哲学的失败，孔老两家的独传，认他是情意哲学的独传便了。为什么六国百家争鸣的学术，到汉朝便得了这样的结果，这不能不说是从前理智的现实的一方面太盛的反响了。六国时那种驰突奋励的样子，一到汉朝便寝息沉默得十分，这便是受理智一面过甚的反响的证据了。我们讨论周秦学派，自然应承认孔、老、墨的鼎足对峙，但这只不过是学术方面的情形罢了，社会方面和政治方面则全不是这样的。《淮南子·要略》所提的那才是政治方面的，刘向《别录》所列的那才是社会方面的。他们两家所提的是哪些学术呢？从这样看来，当时自然是侧重现实的现象了，孔、老那些人只有发空论受排斥罢了，这便是淮南、刘向说诸子和庄、荀、司马不同的原故。这偏重理智的反响，却不能使一般人转入一个平稳的道路，却又偏在情意的一方、神秘的一方去了，只有少数的才走的是适中的道路。我们看汉一代，黄老的势力比孔家的势力大，便见得出这个形势了，这是庸众自然的现象。我们认为，孔学所以能传下来的原因，是因为接近道家才附带传出来的，也没有什么不可。鲁在六国的时候是楚国的领地，若说是楚和鲁两国都是南方派，那么法家、名家、墨家便要认为同是北方派了。这里便表明南北的学术根本不同，到汉的时候，只是南派学术战胜北派罢了。不只是汉朝才是这样，唐朝又何尝不是这样，还是南派的孔学和道家言战胜北派的孔学。从汉到唐，思想界是谁家的学说把握霸权？与其说是孔学，毋宁说是道家还妥帖些。在汉便是黄老，在晋便是老庄，到了六朝又加入了佛学，这样一来，便说中国从汉初到唐末都是神秘的哲学占优势，亦无不可。一方面既偏重失了平衡，便不得不要加以修正，不得不要转换一个平稳的道路，才有伊洛一派的理学应时而兴，孔家学术的真面目，在这时才算重新提出来，算是从周秦受了一次强烈的反动以后，到这时才走到一个平稳的道路，才走到一个适中的道路。

九　结语

经学到了近代，廖季平先生从礼制着手讲今、古两学，以后康、章两先生只是把他的说法大大的申论一番，也可说两派的旗帜愈见分明，但不能说是向前进展了。石城江慎中把齐学、鲁学的问题，要拿来替代今、古的壁垒，从《榖梁》着手，著了部《春秋条指》，阐明《榖梁》的微言大义，若以后讲《榖梁》的能有几个名家，那这部《条指》就和庄方耕的《春秋正辞》有同一的地位了。接着刘申叔先生也提出齐、鲁学的问题，认定古文都是鲁学；陈汉章、章太炎也约略说了一些讨论齐、鲁学的话。其实，这个问题在《今古学考》里已屡次提出，廖先生便是据《榖梁》来讲明今学，说鲁是今学的正宗，已经说得很透了。许桂林说出什么《左氏》祖晋，钟文烝说出什么《公羊》护齐，郑东父说出什么《公羊》明鲁道、《榖梁》明王道、《左氏》明霸道，陈兰甫又将孔子以王法治桓的道理阐发一番，这些都是要根据今、古学向前进展的说法。这是从刘、宋发挥今学以后应有的进展，一步紧接一步，这自然要算是更进一层了。我们今天不过是把这几位先生分散的说法凑合攒笼来化合为一罢了，这算不得什么。前面有人讲了许久的今、古学，后来又有许多人提出齐、鲁学，这自然是令我们满意的了，我们是要认为进步的了，究竟近代经学是不是进步超过前代，我们对近代儒者是不是满意的很，这却是个问题。我看清代的儒者，在汉学初起的时候，正当元明以来杜撰臆说充塞正路的时候，他们自然不容不发明旧诂、检校故书的。但是，杜撰臆说的书已经辨证详明了，他们却仍然在那里支离破碎的讲，尽管在一字一物上也偶有所发明，却终身不晓得经是什么一回事，我真是为他们惋惜了。清代的经师，只知道如此用功的，大约占四分之三以上，岂不是野言乱德吗！张皋文说他们"以小辩相高，不务守大体，或求之章句文字之末，人人自以为许、郑"。这几句话，真算是切中时弊。刘申叔先生说过："近代汉学，未必即以汉人治经之法，治汉儒所治之经。"我从他问学的时候，他还说过："经学要有家法，有条例，《诗》《书》两经，只有家法，没有条例，《易》《春秋》两经，又有家法，又有条例。"廖先生也说：两部《经解》只算是《经籍籑诂》《五礼通考》的子孙。不明家法，不明条例，那还算什么经学！阮元称赞张惠言讲虞氏《易》是二千年来的绝学，这正是说他能够贯通家法、精晓条例。经学由散漫无纪的考订名物训诂，进到刘逢禄、张惠言这一般人，能够专明一家，有的讲虞氏《易》，有的讲何氏《公羊》，有的讲马、郑《尚书》，有的讲贾、服《春秋》，《齐诗》翼氏，郑、京氏《易》，毛氏《诗》，郑氏《礼》，今文《尚书》，这真是进一步了。但是这一层只是讲明训注罢了。到了后来胡培翚疏《仪礼》，注有错处，还是一一辩正。讲何氏《公羊》，有人据《传》来破《注》，能够专明一家，又不墨守，明《注》又能破《注》，这真是又进一步了。这一层算是明《传》了。传记既已经明了，那便自然要进一步去明经，这便是井研廖先生的独到处。所以刘申叔称他"魏晋以来无此识力"。廖先生是先讲明各传家法后，再通讲各家，折衷三传，只拿《春秋》作主来讲。我们看前代也有许多只讲《春秋》的，却何尝明通三传。也有明通一传的，却不能据经正传。廖先生折衷三传来讲《春秋》，这真是二千年来一大快事了，岂不是到这里要算更进一步吗！但是，经里边究竟说的是什么？究竟为的是什么？只是区区明家法、通条例便算成功了吗？这便不能不更进一步，由明经进而明道。清朝的经师名家，如像庄方耕、孔广森等人，都极口称道赵汸，赵汸从黄泽问学，黄泽告诉他一件事，他便积思三年才领悟；《穀梁》家如钟文烝，最称道黄泽的书，说赵汸不免有失了黄泽的意思的地方；可见黄、赵是他们最佩服的人了。但是黄泽讲经的方法，是自天地定位、人物未生以前，万化之源，治而下之，人伦之端，礼乐之本，都是要讲得透透澈澈的。我们想，若是只能讲些六经义例，只做些道问学的功夫，而把明庶物、察人伦、致广大、尽精微等一段尊德性的事都放置一边，这也还是未到顶上的一层。我们看《乐记》《书传》《系辞》《中庸》里边，很有些又精又纯的理论，这些都是六经的微言，都是因经以明道的，尤其是孟子发挥得透澈无遗。孟子是邹鲁的嫡派，他说的礼制都是和鲁学相发明的，《孟子》和《穀梁传》这两部书，真要算是鲁学的根本了。《孟子》这部书的精奥，一直到了宋代方发明出来，到了泰州一派才算阐发尽致，我们说要明道，也便是要在这一层上着手，所以我在《绪论》里把这个道理简单的说了一下，深惜明后便渐渐的晦而不明了。这派学问真才是邹鲁派学问的尽头处。孟子以后还有两个大儒，便是荀子、董子，荀子是三晋派的学问大家，董子又是齐派的大家，他们是齐、晋派里面讲孔学的特出者，但是于道之大源不免见得不很明白，便也是齐、晋两派不及邹鲁嫡派的地方。汉人的今文学是齐派占势力，古文学是晋派占势力，孔学的真义自然是表现不出来的了。也和《左传》《公羊》杂取霸制，不及《穀梁》独得王道的一样，今文派是主《公羊》，古文派是主《左传》，这那里还见得出什么王道来！我们从这里便知道，经学这门学问，明注是一步，明传是一步，明经是一步，明道是一步，若只在前三步里边才做得一步，不能做明道的学问，那还算不得一个造诣高深的学问家。

——据1923年重庆自印本整理

经学抉原

序

　　自井研廖先生据礼数以判今、古学之异同，而二学如冰炭之不可同器，乃大显白。谓二学之殊，为孔子初年、晚年立说之不同者，此廖师说之最早者也。以为先秦师法与刘歆伪作之异者，廖师说之又一变也。以《大戴》《管子》之故，而断为孔子小统与大统之异者，廖师说之三变也。仪征刘先生著论，以为东西二周，疆理则殊，雒邑、镐京，礼文复判，此刘师释今、古学之微意，而未大畅其说者也。四说虽立意不同，而判今、古为不可相通之二学则一也。文通于壬子、癸丑间，学经于国学院，时廖、刘两师及名山吴师并在讲席，或崇今，或尊古，或会而通之，持各有故，言各成理。朝夕所闻，无非矛盾，惊骇无已，几历岁年，口诵心维而莫敢发一问。虽无日不疑，而疑终莫解。然依礼数以判家法，此两师之所同；吴师亦曰"五经皆以礼为断"，是固师门之绪论谨守而勿敢失者也。廖师曰："齐、鲁为今学，燕、赵为古学。鲁为今学正宗，齐学则消息于今古之间。壁中书鲁学也，鲁学今文也。"刘师则曰："壁中书鲁学也，鲁学古文也，而齐学为今文。"两先生言齐、鲁学虽不同，其舍今、古而进谈齐、鲁又一也。廖师又曰："今学统乎王，古学帅乎霸。"此皆足导余以先路而启其造说之端。壬戌秋初适渝，身陷匪窟，稽滞峡中，凡所闻见，心惊魄悸，寝不寐食不饱者殆月有余。忧患之际，思若纯一。绎寻旧义，时有所开。推本礼数，佐以史文，乃确信今文为齐、鲁之学，而古文乃梁、赵之学也。古文固与今文不同，齐学亦与鲁学差异。鲁学为孔、孟之正宗，而齐、晋则已离失道本。齐学尚与邹、鲁为近，而三晋史说动与经违，然后知梁、赵古文，固非孔学，邹、鲁所述，斯为嫡传。及脱险抵渝，走笔追述所得，尽三日之力乃已。爰益以旧稿，著论九章，以赞师门之旨。稿既脱，乃南走吴越，博求幽异，期观同光以来经学之流变。而戎马生郊，故老潜遁，群凶塞路，讲贯奚由。遂从宜黄欧阳大师问成唯识义以归。丁卯春初，山居多暇，乃作《古史甄微》。戊辰夏末，又草《天问本事》。则又知晚周之学有北方三晋之学焉，有南方吴楚之学焉，有东方齐鲁之学焉。乃损补旧稿以为十篇，旧作《议蜀学》一篇并附于末。于是文通适来讲斯院，滥竽经席。遂以此十篇之说，用代讲疏。回忆昔时三先生讲德于兹，论业衍衍，杂以谐笑，同门数十人抠衣颂说其间，进有所闻，退有所论，乐何如也；其情盖犹历历如目前事，而吴、刘两师已归道山，廖师亦老病难持论，友朋星散，讲习无从。顾视庭柯，婆娑犹昔，而胜会不常，能不使人怆然以悲、惕然以惧。作而叹曰：师门之旨将息于斯乎？抑光大亦于斯乎？以文通肤学，固未足以堪是，况又将有金陵之行，而义不可留也。则文通于师门之说，有同焉，有异焉，其是耶？抑非耶？斯不可以不论。盖廖师之讲贯礼学，犹顾亭林之阐明古音，皆所谓开风气之先者。顾氏分古音为十部，历江、戴、王、段，递有所开，以迄于今，密以加密，而声均之道乃大备。廖师劈析今古，刘师从而疏通证明之，流乃益广。文通幼聆师门之教，上溯博士今文之义，开以为齐学、鲁学，下推梁、赵古文之义，开以为南学、北学。推本邹、鲁，考之燕、齐，校之晋，究之楚，岂敢妄谓于学有所发。使说而是，斯固师门之旨也；说之非，则文通之罪也。是篇之作，宁有裨于高深，惟循是愈析愈精、密以加密，犹古音之学自顾氏十部之分渐进而至于分二十八部，以自附于段、王之徒，是所期于同志好学之士，盖非文通力之所能逮焉。苟徒执齐、鲁、晋、楚以言学，盖犹粗疏灭裂之尤，固未足以当识者之一哂也。戊辰仲冬蒙文通叙于成都国学院。

旧史第一

《庄子·天下篇》称："其明而在数度者，旧法世传之史，尚多有之；其在《诗》《书》《礼》《乐》者，邹鲁之士、搢绅先生多能明之；其数散于天下，而设于中国者，百家之学时或称而道之。"是周季之学，类别有三：旧史为一系，鲁人六艺为一系，诸子百家为一系。外史掌三皇五帝之书，夏有《连山》，殷有《归藏》，孔子语宰予曰："五帝用记，三王用度。"此皆古代史籍之可考见者也。《吕氏春秋》说："太史令终古出其图法乃奔如商，殷内史向挚载其图法出亡之周。"是三代迭兴，图史不坠。史公谓："诸侯相兼，史记放绝，秦烧《诗》《书》，诸侯史记尤甚。"则列国又各有旧法世传之史，至秦而夷灭尽矣。孔子制作《春秋》，既求观于《周史记》，又求百二十国宝书，此尤列国之史灿然具在之证。荀卿亦谓："三代虽亡，治法犹存。"故孔子曰："吾犹及史之阙文也。"三古列国之书既存于世，则孔子之删定六经，实据旧史以为本，孰谓凡称先王之法言陈迹者，并诸子孔氏托古之为乎？

《管子·山权数篇》桓公曰："何谓五官技？"管子曰："《诗》者所以记物也，时者所以记岁也，《春秋》者所以记成败也，行者道民之利害也，《易》者所以守吉凶成败，卜者卜吉凶利害也，六家者即见其时，使豫先早闲之日受之。"此齐人之史也。《楚语》申叔时言教太子，以《春秋》《世》《诗》《书》《礼》《乐》《令》《语》《故志》《训典》并举，而左史倚相能读《三坟》《五典》《八索》《九丘》；齐惠文太子镇雍州，于楚王冢得《考工记》。此楚人之史也。晋太康中，汲郡人不准于魏安厘冢得书，有《周易上下经》《易繇阴阳卦》《纪年》《国语》《周食田法》《周书》《琐语》《缴书》《生封》《大历》《图诗》《杂书》，又有公孙段与邵陟论《易》及《师春》一篇。此三晋魏人之史也。韩宣子适鲁，见《易象》与《春秋》，曰："周礼尽在鲁也。"司铎火，火逾公宫，桓僖灾，南宫敬叔至，命周人出《御书》俟于宫；子服景伯至，命宰人出《礼书》以待命。曰《易象》，曰《春秋》，曰《御书》，曰《礼书》，此鲁人之史也。《礼运》孔子曰："我欲观夏道，是故之杞而不足征也，吾得夏时焉。我欲观殷道，是故之宋而不足征也，吾得《乾坤》焉。"此杞、宋之史也。诸侯史记，国各不同，三代图法，散存其间，则周世之实有前代文物，固足验也。孟子称："世衰道微，邪说暴行有作，孔子惧，作《春秋》。"此谓衰周之异端百家学也。又称："尧、舜既没，圣人之道衰，暴君代作，邪说暴行又作，纣之身天下大乱。"此谓夏、商之异端百家也。又足见处士横议之言，三代皆有，其书后世犹或可寻，又不独太史图法之仅存也。

孔子删《诗》，《关雎》为《风》始，《鹿鸣》为《小雅》始，《文王》为《大雅》始，《清庙》为《颂》始。而在《乐记》，则曰《商》，曰《齐》，曰《颂》，曰《小雅》，曰《大雅》，曰《风》。《投壶》："凡《雅》二十六篇。"此与《小雅》之材七十有四、《大雅》之材三十有一不同。其八篇可歌，歌《鹿鸣》《狸首》《鹊巢》《采蘩》《采蘋》《伐檀》《白驹》《驺虞》，在孔氏为《风》者，此又入于《雅》。《史辟》《史义》《史见》《史童》《史谤》《史宾》《拾声》《叡挟》八篇，则更孔氏之所无也。而有《商》《齐》七篇，独与《乐记》之说合。则《乐记》《投壶》两篇之说，可错而求也。《周官》六义：曰风、曰赋、曰比、曰兴、曰雅、曰颂，既异孔经，复殊《乐记》。自《关雎》《葛覃》《卷耳》《樛木》以下，皆入于兴，皆不可通于孔氏之学。独季札来观周乐，自二《南》迄于三《颂》，与孔氏扶同。墨子鲁人也，《公孟篇》曰："歌诗三百，弦诗三百，诵诗三百，舞诗三百。"其三百之说，下合毛公，亦同孔氏。盖三百为乐章，孔子删诗，各谱各存一篇耳。既季札、墨翟所见与孔氏同，则孔子之《诗》，据鲁为本，而《投壶》《周官》所谈，倪皆异国之诗耶！孔子之《书》，《典》《谟》《训》《诰》并在其间，而楚则《故志》《训典》，悉出《书》外。若汲冢出《书》七十一篇，又全与孔书不相涉，则列国图史科类不一，多寡悬殊，而《诗》《书》一经之中，复区分各异。孟子曰："晋之《乘》，楚之《梼杌》，鲁之《春秋》，一也。"是晋、楚固有《春秋》，其名曰《乘》、曰《梼杌》，而不曰《春秋》。《晋语》谓羊舌肸"习于《春秋》"，《楚语》申叔时谓"教以《春秋》"，皆非晋、楚之本名，而左氏以鲁书之名名之也。

《论衡》言："孝宣时，河内发老屋壁得书，然后《易》《书》《礼》各增一篇。"《隋书·经籍志》言："《易》得《说卦》三编。"汲冢得书，亦有似《说卦》而异者。是《说卦》者三晋之学也。《泰誓》三篇，马融、赵岐并以为非古《泰誓》，亦以其河内三晋之书，非孟子、墨翟所见之《泰誓》也。郑玄云："伏羲作十言之教，曰乾、坤、震、巽、坎、离、艮、兑、消、息。"虞翻言《易》，主于消息者也。然而焦延寿独得隐士之说以传京房，而谈世应、飞伏。汉人之言爻辰、升降、纳甲者，倪皆异代异国之《易》乎？《连山》《归藏》，正又异代《易》之最显者。他若

《左氏传》所载繇辞并策书之文，此尤异国《春秋》与《易》佚文之可仅见者。墨子称周之《春秋》、齐之《春秋》、燕之《春秋》、宋之《春秋》，又曰"吾见百国《春秋》"。此并诸侯史记，与孔氏据鲁之作殊科者也。《淮南子·主术训》："孔、墨皆修先圣之术，通六艺之文。"盖鲁人之经，止于六艺，故孔、墨所述皆然。而《左氏》哀三年传复有《御书》《礼书》者，《庄子》言："孔子西藏书于周室，而老聃不许，于是翻十二经以说。"观周书而不得，则翻十二经者鲁书也。本师廖先说："十二经，大六艺、小六艺也。"此《御书》《礼书》，谓十二经之小六艺耳。孔子翻十二经以说者，据鲁人之旧也。墨翟通六艺之文，孔子弟子通六艺者七十有二人，亦鲁国之旧也。

三古列国之史，国各不同。韩宣子适鲁见《易象》与《春秋》，曰："周礼尽在鲁也。"则以鲁前圣之国，开化独先，礼文备物也。《礼运》子曰："吾观周道，幽、厉伤之，舍鲁何适。"则所谓周道，固不在周而在鲁。"夏礼吾能言之，杞不足征也；殷礼吾能言之，宋不足征也。文献不足故也。"则夏、殷之礼，不在杞、宋而在孔子。孔子据鲁史定六经，然三年之丧，鲁先君莫之行，宰予亦以为久。冕而亲迎，鲁哀公谓其已重，子贡亦以为疑。自卫反鲁，然后乐正，《雅》《颂》各得其所，则乐不复鲁之旧也。无恤之丧，孺悲学《士丧礼》于孔子，《士丧礼》于是乎书，则礼亦非复鲁之旧也。于《坊记》见《鲁春秋》，于《公羊》见不修《春秋》，笔则笔，削则削，游夏不能赞一辞，则《春秋》之辞微而指博者，亦非鲁之旧也。《序卦》《系》《象》，则《易》亦非鲁之旧也。未定之六籍，亦犹齐、楚旧法世传之史耳，巫史优为之，删定之书，则大义微言，灿然明备，唯七十子之徒、邹鲁之士、搢绅先生能言之。子曰："齐一变至于鲁，鲁一变至于道。"孔子固据鲁以述文，亦变鲁以协道，此孟子之所以赞孔子为贤于尧、舜，生民以来未有者也。史迁书尝称："十岁则诵古文。""不离古文者近是。""至秦拨去古文。"凡迁、固书言古文，皆谓旧书之意耳。若史迁又称孔氏古文者，正以示别于旧法世传之史、九流百氏之说，而表见其为孔氏一家之学也。

焚书第二

始皇以三十四年燔书，三十五年以卢生故大怒曰："吾前收天下书不中用者尽去之，悉召文学方术士甚众，欲以兴太平。"乃自除犯禁者四百六十人皆坑之。扶苏谏曰："诸生皆诵法孔子。"扶苏之所谓诵法孔子之徒即始皇之所坑，亦即前日之所召。焚孔子之书而坑孔子之徒，是必不然。则焚其不中用者，必非谓鲁之六经；自除犯禁者坑之，不犯禁者则自未坑也。盖李斯言："古者天下散乱，莫之能一，是以诸侯并作语，皆道古以害今，饰虚言以乱实，人善其所私学，以非上之所建立。今皇帝并有天下，别墨白而定一尊，私学而相与非法教，人闻令下，则各以其学议之，禁之便。"明李斯以博士为官学，不立者为私学，是秦燔书为私学之书，坑儒乃犯禁之儒。

《乐书》李斯进谏二世曰："放弃《诗》《书》，极意声色，祖伊所以惧也。"安有首议焚书而反以放弃《诗》《书》为惧者！《论衡·正说篇》："乃令史官尽烧五经，敢有藏《诗》《书》百家语者刑，唯博士官乃得有之。"则《始皇本纪》云："非博士官所职，天下敢有藏《诗》《书》百家语者，悉诣守尉杂烧之。"亦谓博士所职不焚，而禁天下使不得有。《李斯传》所谓"始皇可其议，收去《诗》《书》百家之语，以愚黔首"是也。故《论衡·书解篇》称："秦虽无道，不燔诸子，诸子尺书文篇具在可观。"《孟子章句·题辞》称："亡秦焚灭经术，其书号为诸子，故篇籍得不泯绝。"《家语·后序》（书为王肃所作，其说亦有所本）亦云："李斯焚书，而《孔子家语》与诸子同列，故不见灭。"是皆诸子不焚之证。《诗》《书》百家语同为秦人所禁，诸子不因焚书而亡，则六经不亡，固足验也。

　　《百官公卿表》云："博士，秦官，掌通古今，员多至数十人。武帝建元五年，初置五经博士。"《史记·循吏传》云："公仪休以博士高第为鲁相。"《孟子》："鲁缪公时公仪子为政。"章句云："公仪休。"则春秋之末，鲁缪之际，已有博士，非始秦也。《贾山传》："山祖父祛，故魏王时博士弟子。"是至于六国，不废其守，博士之职犹存，则秦前文献不坠可征也。（卫平为宋元王博士，出褚补《龟策列传》。）而焚书之翌年，卢生犹称："博士七十人备员弗用。"越翌年，又使博士为《仙真人诗》。陈涉之起，博士进说者三十余人。叔孙通以文学征待诏博士，即始皇所诏文学方术之士，亦扶苏所谓诵法孔子之徒也，于时亦厕身其间。自焚书至陈涉之起，博士之官自未废，则文献自未亡。伏生故为秦博士，陈涉之王也，孔甲为涉博士（《儒林传》）。《叔孙通传》："通为高帝博士。"《孔子世家》："孔襄为孝惠博士。"申公、韩婴、贾生为孝文博士，辕固、董仲舒、胡毋生为孝景博士。自秦亡迄孝武表章六经，博士之传不绝，则博士之经不残又可知也。

　　孟喜以改师法不为博士，则学官所立，俱有受授可证也。故范升《疏》云："五经之本，自孔子始。"而讥"费、左二学，无有本师，师徒相传，又无其人"。陈元《疏》云："今论者固执虚言传受之辞（言今学），以非亲见实事之道（言《左氏》）。"明博士之业，皆祖孔子，今、古之家，备知统绪。《弟子列传》惟序商瞿六世至田何，致他经无从知耳。乌有师相传之业，而为残烬之余乎？至《孔子系家》言："故所居堂，弟子内，后世因庙，藏孔子衣冠琴书车，至于汉二百余年不绝。"则汉世尚存孔子书也。《六国表》："《诗》《书》所以复见者，多藏人家。"班固言："河间献王所得，皆古文先秦旧书。"《史记》言："孟子退而与万章之徒，著《孟子》七篇。"今其书俱存。老子《道德经》五千言，《九歌》《九章》《山海经》之属，其传之者或未多于六经，而皆完整无阙，乃六经则缺，《乐》尤全烬，理无是也。考秦自先世以来，由余以"《诗》《书》《礼》《乐》为中国所以乱"（《秦本纪》），《商君》以"《诗》《书》《礼》《乐》为六虱"（《靳令篇》），《韩非子》云："商君教孝公，燔《诗》《书》而明法令。"秦之贱《诗》《书》不自祖龙始也。然赵良明《相鼠》之诗（《商君传》），蔡泽举亢龙之义（本传），六学又非秦人所厉禁也。燔书之后，始皇改五行之舞（本周舞，《礼乐志》），群臣正七庙之制（《始皇本纪》），博士申无将之训（《叔孙通传》），焚书全卜筮之篇，蒙恬说《金縢》之传，蒙毅陈《黄鸟》之说；高帝之兴，郦生、随何号为儒者，叔孙通起朝仪，陆贾说《诗》《书》。孔子之术，诚不因坑焚而隐晦，亦不待除挟书之律而显明。

《艺文志》：刘向以中古文校欧阳、大、小夏侯三家经文，以中古文《易经》校施、孟、梁丘经。明古文即经也。司马迁书称"十岁则诵古文"，"不离古文者近是"（《五帝本纪》），"《诗》《书》古文"（《封禅书》），"《春秋》古文"（《吴系家》），"孔氏古文"（《弟子列传》），《刘向传》"上方精于《诗》《书》，观古文"，班固序《离骚》"昔在孝武，博览古文"，皆六经为古文之说也。许叔重言："孔子书六经，左丘明述《春秋传》，皆以古文。"故称孔氏古文也。

《七略》言："外则有太常、太史、博士之藏，内则有延阁、广内、秘室之府。"《史记·自序》："百年之间，天下遗文古事，靡不毕集太史公。"则汉兴大收篇籍者，其书毕集太史，博士之所执，毕集太常（太常掌博士），皆所谓外书、新集之民间者。子政校书所云"太史书、太常书、臣吾书"是也。其所谓"中书、中秘书、中古文"，盖谓延阁、秘室之藏，汉家所固有，萧何得之于秦者，刘向校书所云"中《孙卿书》，中书《列子》，中《管子书》，中书《晏子》"是也。其云"中书多，外书少"（校《列子》），"中书无有七十章，外书无有三十六章"（校《晏子》），中书云者，倘为国家之旧藏耶！《百官表》："御史大夫，秦官，有两丞，一曰中丞，在殿中兰台，掌图籍秘书。"此之兰台，即私行金货定兰台漆书经字，秘书即刘向校中五经秘书也。《张苍传》："秦时为御史，主柱下方书。"柱下即本之周柱下史，老子守藏室，孔子所从问礼者也。方书犹言文、武之道，布在方册，则御史所职、柱下之藏，古文旧书，在其间也。《萧何传》："何独先入，收秦丞相、御史律令图书藏之。"是收之丞相者为律令，收之御史者为图书，则漆书经字、五经秘书，即萧何得之于秦者乎？《说文·序》："北平侯张苍献《左氏春秋》。"即所典柱下方书之一也。亦柱下书至汉初未亡、献入内府之证。《家语·后序》："高祖克秦，悉敛得之，皆载于二尺竹简，多有古文字。"亦中古文出秦之证也。《三辅黄图》云："石渠阁萧何所造，藏入关所得秦之图籍。"则博士诸儒讲五经同异处也。此尤秦书犹存于汉之验。《太史公自序》言："秦拨去古文，焚灭《诗》《书》，故明堂石室金匮玉版图籍散乱。"而武帝元封三年司马迁为太史令，绌史记石室金匮之书，则秦人石室金匮之书，于武帝时自未亡，是中书者，固萧何所得于秦者也。

刘向以中古文校欧阳、大、小夏侯三家经文，《酒诰》脱简一，《召诰》脱简二。张霸以能百两篇征，以中书校之非是。明汉人立一家之学，必考信于古文。刘向以中古文《易经》校施、孟、梁丘经，或脱去无咎悔亡，唯费氏经与古文同。《范汉书》言："费氏本以古字号古文《易》。"乃亦在校中，明古文之籍，尤重中书。中古文者，良以其秦官旧籍之可征也。秦官之旧籍犹存，则孔氏之业不残可知。惟《艺文志》不列中古文之目，特于《序说》中见之。然凡博士之经必校之中古文，是六经皆有中古文可知，荀悦言"凡经皆古文"是也（《汉纪·成纪二》）。以中古文校施、孟、梁丘经及欧阳、大、小夏侯三家经文，唯脱去无咎悔亡、《召诰》《酒诰》一二简，而无亡篇，则《易经》十二篇，施、孟、梁丘三家；《书》二十九卷，大、小夏侯二家，欧阳经三十二卷，视古文无残缺也。五经皆在校中，而《志》著《诗经》二十八卷，鲁、齐、韩三家，《礼经》十七篇（旧误七十），后氏、戴氏；《春秋经》十一卷，《公羊》《穀梁》二家；不言脱简，则《诗》《礼》《春秋》亦与中古文同可决也。

《孔子系家》云："三百五篇，孔子皆弦歌之，以求合《韶》《武》《雅》《颂》之音。"班固云："称乐则法《韶》《武》。"信孔子正乐，《韶》《武》而已。《李斯传》言："今退弹筝而取《昭》《虞》。"明《昭》《虞》秦固存之。不仅魏文侯听古乐则欲寐，齐宣王之非能好先王之乐，第存于六国焉耳。《礼乐志》云："《文始舞》者，本舜《招舞》也，高帝六年更名曰《文始舞》，以示不相袭也。《五行舞》者本周舞也，秦始皇二十六年更名曰《五行舞》也。"（何妥曰："本周《太武乐》也。"）则《韶》《武》固存于汉。匡衡言："歌《大吕》、舞《云门》，以竢天神。歌《太簇》、舞《咸池》，以竢地祇。"知汉又备《云门》《咸池》之乐。《孔僖传》："元和二年春，帝东巡狩，还，过鲁，幸阙里，以大牢祠孔子及七十二弟子，作六代之乐。"则汉之所存，备及六代，而其间不闻有乐经。《河间献王乐记》（《乐典》引）曰："古之为乐也本于《诗》。"《论语》亦谓："然后乐正，《雅》《颂》各得其所。"是正《诗》即所以正乐，则乐非亡也，本无经耳。

《孔子系家》："诸儒亦讲礼乡饮、大射于孔子冢。"《儒林传》："汉兴，诸儒讲习大射、乡饮之礼。"《成帝纪》："鸿嘉二年三月，博士行饮酒礼。"既讲习乡饮，则乡饮之工歌《鹿鸣》《四牡》《皇皇者华》，乐《南陔》《白华》《华黍》，间歌《鱼丽》，笛《由庚》，歌《南有嘉鱼》，笙《崇丘》，歌《南山有台》，笙《由仪》，合乐《周南·关雎》《葛覃》《卷耳》，《召南·鹊巢》《采蘩》《采蘋》，皆在习中。大射之歌《鹿鸣》三终，管《新宫》三终，奏《狸首》，亦当于习中行之。此之犹存，乌得乐既有经而亡乎？博士行于朝，经师讲于野，皆唯此二篇，不及其余者，以礼中用乐者亦仅此二篇（大射与乡射同），盖礼乐之意备乎此，非有所亡佚也。《献王乐记》："乐节则礼，礼和则乐。"乐之节具于礼，而歌具于《诗》，固非别有经也。《史记》云："高帝围鲁。鲁中诸儒尚讲诵习礼乐，弦歌之音不绝。"《儒林传》江翁谓歌吹诸生曰："歌《骊驹》。"如淳曰："其学官自有此法。"夫鲁中所弦歌，学官所歌吹，岂非孔氏之遗乎？则不可谓乐亡也。王褒作《中和乐职宣布诗》，依《鹿鸣》之声习而歌之。《鹿鸣》其即杜夔所传旧雅乐《鹿鸣》《驺虞》《伐檀》《文王》四曲，所谓古声辞也（《汉艺文志考证》引《晋志》）。《汉志》云："制氏以雅乐声律，世在乐官。"《七略》言："汉兴，鲁人虞公善雅歌。"《艺文志》有《雅歌诗》四篇，雅歌即雅乐也。《魏志·杜夔传》："舞师冯肃、服养晓知先代诸舞。"顾诸人者于舞容、歌吹则习之，而乐经则遗之乎？乐之无经，自彰彰矣。

传记第三

司马谈言："六艺经传以千万数，累世不能通其学，当年不能究其礼。"则周秦之交，六经传记之繁可知也。《汉书·艺文志》："《礼》家：《记》百三十一篇，七十子后学者所记也。"张揖言："《尔雅》，叔孙通撰置《礼记》，文不违古。"是《尔雅》古亦在《礼记》中，而叔孙通又尝撰《记》文也。《艺文志》言："河间献王好儒，与毛生等共采《周官》及诸子言乐事者以作《乐记》。"《礼乐志》言："通（叔孙通）没之后，河间献王采礼乐古事，稍稍增辑至五百余篇，今学者不能昭见。"则叔孙通后，献王与毛生等又增辑至五百余篇，此礼乐记，非徒《礼记》也。《隋书·经籍志》言："古经出于淹中，而河间献王好古爱学，得而献之，又得《司马穰苴兵法》一百五十篇，及明堂阴阳之记。"《通典·礼·序》言："献王又得仲尼弟子及后学者所记四百十一篇。"此言四百十一篇者，盖出《司马法》，其言五百余篇者，入《司马法》耳，此五百余篇及四百十一篇之别也。

《释文·序录》引《别录》："《古文礼记》二百四篇。"《隋书·经籍志》言："刘向得一百三十篇，又得《明堂阴阳记》三十三篇，《孔子三朝记》七篇，《王史氏记》二十一篇，《乐记》二十三篇，凡五种合二百十四篇。"是《释文》脱十字耳。百三十一篇中无《乐记》，此七十子后学者之《礼记》也。二百十四篇合《乐记》《三朝记》等，则献王所辑后之《礼乐记》也。《六艺论》云："戴德传《记》

八十五篇，戴圣传《记》四十九篇。"《大戴》有《三朝记》，《小戴》有《乐记》，是二戴为《礼乐记》非《礼记》也。陈邵说："大戴删《古礼》二百四篇为八十五篇，小戴又删为四十九篇。"此二戴同出二百十四篇之说，就《汉书·艺文志》考之，《曾子》《子思子》《荀子》《公孙尼子》《贾子》《逸曲礼》之类，皆在一百三十一篇、二百十四篇之外，而两《戴记》有其书，则《戴记》又自四百十一篇之记来，非徒取二百十四篇以为书。则四百十一篇者，即二百十四篇而益以曾、荀、贾子之书者也。《礼》家之记如是，则他经之传记可推而知也。

七十子后学者之《记》，至叔孙通、河间献王而兼采杂说也。《学记》一篇屡称"《记》曰"。《礼经》十七篇，其十三篇皆自有《记》，则皆远在百三十一篇前之《记》也。《丧服》又自有《传》，《传》中又称"《传》曰"，《服问》亦四称"《传》曰"，皆更古之《传》也。郑玄《尚书大传序》云："张生、欧阳生特撰大义，因经属指，名之曰传。"而《传》中称"《传》曰""《训》曰"复多，此《大传》前之《传》也。《穀梁》称"《传》曰"者八，又称"其一《传》曰"，《公羊解诂》称《大传》曰："晋侯执曹伯，班其所取诸侯侵地于诸侯。"褚少孙又屡称《春秋大传》，此当是《穀梁》《公羊》前之传也。《韩诗外传》之称"传曰"尤多,《荀子·大略篇》:"《国风》之好色也,《传》曰盈其欲而不愆其止。"此《荀子》《韩婴》前之《诗传》也。司马谈称《易大传》:"天下一致而百虑,同归而殊途。"则《系辞》即为《易大传》也。见六经传记其文之多、其来之远。《封禅书》云:"孔子论述六艺经传。"是孔子之定六经,已自有传。故《公羊定元年传》曰:"主人习其读而问其《传》。"若《书传》称:"《传》曰高宗居凶庐三年不言,子张曰何谓也。"《周语》:"《太誓故》曰:朕梦协朕卜。"此尤单襄公、子张以前之故传,更在孔子之前者也。秦汉间经师作传,皆取古传记以自为一家之传,而古传于是废也。

赵岐言:"其后罢传记博士,独立五经而已。"则文景以来,固有传记博士,自武帝而始罢。大戴删二百十四篇为八十五篇,小戴又删为四十九篇,而《礼记》缺也。刘向校书得《乐记》二十有三篇,戴圣断取十一篇入《礼记》,司马迁断取十三篇入《乐书》,而《乐记》缺也。《五帝本纪》云:"孔子所传宰予问《五帝德》及《帝系姓》,儒者或不传。"此见汉儒弃置古记,而古传记因致绝灭之多,盖自罢传记博士始也。于是古传之仅存者,惟《礼记》《易传》稍不失旧观,而《中庸》《系辞》诸篇,能独存微言于一发。次则《乐记》《书传》尚有梗概。而《乐记》曰"人生而静"诸章，《书传》曰"心之精神是谓圣"之语，亦足以窥见圣道之蕴。而《春秋》古传则割弃于《公》《穀》，《诗》《论语》之传更靡有孑遗，而孔氏微言乃略无可述。使非《礼记》《易传》之存，则孔子大义微言几乎息也。是六经古传乃至道所系，自传记博士之罢，古传遂缺而圣学之精微晦矣。

《封禅书》："《诗》云：纣在位，文王受命，政不及泰山。武王克殷二年，天下未宁而崩，爰周德之洽维成王。"此为《诗传》之文也。《说文》引《诗》曰："不醉而怒谓之奰。"《毛传》文也。《白虎通义》称《尚书》："前歌后舞，格于上下。"《尚书大传》文也。则他凡直称《礼》曰、《乐》曰之类，皆为传文，可推而知也。《风俗通义》称："《论语》：淫祀无福。"《曲礼》文也。《白虎通义》称："《论语》：朋友无归，生于我乎馆，死于我乎殡。"《檀弓》文也。则《曲礼》《檀弓》旧为《论语传》也。《汉·艺文志》："《论语》鲁二十篇，《传》十九篇。"《檀弓》《曲礼》当在十九篇中。《论衡·正说篇》："孔子壁中古文得二十一篇、齐鲁二、河间九篇、三十篇。"此当是文有讹脱，齐鲁二，盖谓《齐论·问王》《知道》二篇，河间别有七篇，共足九篇之数，故下云："今时称《论语》二十篇，又失齐、鲁、河间九篇，本三十篇，分布亡失。"此七篇即《艺文志》《论语》家《孔子三朝记》七篇是也，合《齐论》二篇为九篇。则《三朝记》七篇者，河间之传，而《问王》《知道》二篇者，又《齐论》之传也。则《论语》有取《礼记》为传者也。刘向称："《易大传》：诬神者殃及三世。"《本命篇》文也，是《礼记》又取《易传》也。《礼记》又有取之《书传》者，《五帝德》《帝系姓》是也。而又取之《乐记》，取之《尔雅》，《乐记》盖又取之《左氏》，盖季札是也。《春秋繁露》则更直取《孝经传》以入书。《礼记》则又有取之《逸曲礼》者，《奔丧》《投壶》是也。有取之《子思子》者，《中庸》《表记》《坊记》是也。有取之《曾子》者，《大孝》《立孝》等十篇是也。有取之《三朝记》者，《千乘》《四代》等是也。《三年问》《劝学》取之荀卿，《保傅》取之贾谊，《月令》取之吕不韦，《明堂》取之《明堂阴阳》，《缁衣》取之《公孙尼子》，《王度》取之淳于髡，又有《鲁子记》。此六经传记之互取为书，而又兼存诸子之篇者也。《公羊传》引子司马子、子北宫子、子女子、子公羊子，《穀梁传》引尸子、鲁子、沈子、穀梁子，《毛传》有孟仲子、高子、仲良子，《书传》有子龙子，则古传割弃后遗说之仅存者也。他若《诗》家之包丘、根牟、帛妙、薛仓，《易》家之商瞿、桥庇、馯臂、周丑、孙虞，则名氏空存，而遗说无征者也。盖六经传记，既互取以为书，而孔氏徒人，又或出入于九流之学，故又渐取之诸子以入记。仲尼弟子有公孙龙，而操坚白同异之辩，吴起从曾申学而书在兵家，韩非从荀卿学而书在法家，田骈从公孙龙学书在道家，孟子弟子又有邹衍、淳于髡，举凡尹文、宋钘、禽滑厘、芊子之属，皆七十子之徒人，而书则入在百家。是孔子弟子散于九流，故传记又往往取诸子以为书。自汉抑黜百家立学校之官，而六经囿于儒家，孔学遂失其广大也。

《汉书·百官公卿表》云："博士，秦官，掌通古今，员多至数十人。武帝建元五年，初置五经博士。"《秦本纪》卢生云："博士七十人备员弗用。"则秦博士之多也。既云"非博士官所职，天下敢有藏《诗》《书》百家语者"，是秦有《诗》《书》博士，有百家语博士。伏生故为秦博士，此《诗》《书》博士也。《本纪》有占梦博士。《艺文志》名家黄公名疵为秦博士。儒家羊子故秦博士。此百家语博士也。《汉旧仪》云："孝文皇帝时博士七十余人。"刘歆云："诸子传说，犹广立于学官，为置博士。"则汉文之际，尚仍秦旧，博士犹七十余人，亦未废百家语也。申公、韩婴自《诗》《书》博士。吴廷尉言："贾生年少颇通诸子百家之书，文帝召以为博士。"公孙臣上书推五德终始，文帝召拜为博士，此百家语博士也。司马迁言："曹参荐盖公言黄老，而贾谊、晁错明申、商，公孙弘以儒显。"亦《诗》《书》百家语并进之证。诸子书多在传记中，盖亦因《诗》《书》百家语并在博士。史言："自仲舒对册推明孔氏，抑黜百家立学校之官。"学官不自仲舒始立，则抑黜百家立学校之官为一句，盖百家语博士之罢自仲舒，而诸子传说废，而六经传记次第减削微矣。

今学第四

今文家若范升之斥费、左二学，则曰"无有本师，而多反异"，自矜"五经之本，自孔子始"。公孙禄更诉刘歆为"颠倒五经，毁坏师法"。盖以博士各家之说，同条共贯，而民间古文之学，与此颠倒反异，故今文家特疾恶之。然今学之能相同，亦自有故。《封禅书》言："文帝召博士儒生刺六经中作《王制》。"而宣帝甘露三年，诏五经诸儒讲五经同异于石渠阁，梁丘临奉使问，萧望之等平奏其议，上亲称制临决。章帝建初四年，诏诸儒会白虎观讲五经同异，使魏应承制问，淳于恭奏，帝亲称制临决如孝宣石渠故事。顾命使臣，著为通义，班固之《白虎通义》、刘向之《五经通义》，皆称制临决后之定论也。其所论列，多属礼制，而今古学异同之大端，即属制度，岂以称制临决之后，博士遂莫敢持异义耶？他若文字之殊，意义之别，朝廷未之决者，其异仍自若也。王褒云："宣帝时修武帝故事，讲论六艺群书。"是白虎为修石渠故事，石渠为修武帝故事，武帝又原于文帝之作《王制》。而今文之学能自相同者，帝王称制临决之故也。

范升以费、左二学"先帝前世，有疑于此，先帝不以《左氏》为经，故不置博士"。林孝存以为"武帝知《周官》末世渎乱不验之书"。则今文者朝廷之所好，古文者朝廷之所恶者也。刘歆讥博士为"党同门，妒道真"。而师丹怒为"改乱旧章，非毁先帝所立"。知博士今文之学，固一遵朝廷之制者也。《儒林传》："武帝尊《公羊》家，诏太子受《公羊春秋》，由是《公羊》大兴。太子既通，复私问《穀梁》而善之，有诏诏太子受《公羊》，不得受《穀梁》。"则汉时立学，胥决于君上之好恶。《隋志》言："河间献王开献书之路，得《周官》有五篇，失其《冬官》一篇，乃购以千金不得，取《考工记》以补其缺。"《诗谱》云："鲁人大毛公为《故训传》于其家，河间献王得而献之。"《经典释文·叙录》言："河间献王好古，得古礼献之。"《六艺论》云："后得孔氏壁中，河间献王《古文礼》五十六篇，《记》一百三十一篇，《周官》六篇。"是《周礼》《毛诗》《佚礼》《礼记》并在河间也。《尚书正义》言："汉武帝时，河间献《左氏》及古文《周官》。"司马贞说："《孝经》是汉河间王所得颜芝本。"《景十三王传》："献王所得书皆古文先秦旧书《周官》《尚书》《礼记》《孟子》《老子》之属，立《毛氏诗》《左氏春秋》博士。"《论衡·正说篇》："《论语》，河间九篇。"是《左氏》《佚书》《孝经》亦在河间，而河间又自有《论语》九篇，古文经传，悉萃于此。淹中孔壁佚文，朝廷之所弃者，并存河间。《毛诗》《左氏》又立博士。献王作日华宫，置客馆二十余区，以待学士佚老，盖毛公、贯公之徒，并居尊显，固与朝廷好恶殊也。《艺文志》："《河间周制》十八篇，似河间献王所述也。"献王既萃逸书，故老于日华，其述周制，谅犹石渠、白虎之讲经，文帝之作《王制》，要其所宗，必属古文，而今文经传胥不见于河间。古文经传朝廷皆藏之于秘府，若献王者诚可谓善其所私学，以非上之所建立者也。

杜业言："河间献王经术通明，积德累行，天下雄俊众儒皆归之。武帝时献王来朝，被服造次必于仁义，问以五策，献王辄对无穷。孝武帝艴然难之，谓献王曰：'汤以七十里，文王以百里，王其勉之。'王知其意，归即纵酒听乐因以终。"班固亦言："献王以诏策所问三十余事，其对推道术而言，得事之中，文约指博，归数月而终。"则献王诚以干武帝之忌而死，宜献王之学亦朝廷之所黜，河间之儒亦朝廷之所摈也。河间献《周官》，武帝则以为末世渎乱不验之书，河间献《左氏》，而先帝不以为经。刘歆言："《逸礼》三十有九，《书》十六篇，及《春秋》左氏丘明所修，皆古文旧书，伏而未发。"马融亦云："《周官》入于秘府，五家之儒，莫得见焉。"则献王之所献书，朝廷悉秘之而莫宣也。《艺文志》："《河间献王对上下三雍宫》三篇，灵台、辟雍、明堂也。"刘歆让太常博士以"欲立辟雍、封禅、巡狩之仪，则幽冥而莫知其原"。以献王之对文约指博，而太常博士竟莫知其原，岂以献王触干忌讳，而群儒并废其书而竟莫之究耶！马融说："《泰誓》后得，其文浅露神怪。"然武帝犹使博士集而读之。而孔壁佚文，竟不得行。既曰讲五经同异于石渠，明博士说经，亦自有违异，而独斥古文之反异，则汉之黜古文，疑又以献王故也。

史迁言："厥协六经异传，整齐百家杂语。"汉人经术分途，非惟今、古两家而已。范升言："如令《左氏》《费氏》得置博士，高氏、邹、夹，五经奇异，并复求立。"亦见五经奇异之多，继古学而再起者，尚难以一二派尽矣。汉之最先立学者，《诗》则鲁、齐、韩，《书》则欧阳，《春秋》则《公羊》，《易》则施、孟，《礼》则后氏，此一派也。宣帝立《谷梁春秋》、《梁丘易》、大小夏侯《尚书》，此第二派也。《左氏春秋》《毛诗》《费易》《佚书》《佚礼》踵起争立博士，此第三派也。高氏《易》，邹氏、夹氏《春秋》，《七略》言："《礼》家先鲁有桓生，说经颇异。"使古学得立学官，此诸学者势必合力并起而争，则又第四派也。若必以学之同异而论，则宣帝新立四家，岂不曰"义虽相反，犹并置之"；十二博士已自相违异，岂费、左、邹、夹然后为异耶？

王褒言："宣帝修武帝故事，讲论六艺群书。"是白虎本之石渠，石渠又本之武帝，讲论之端，盖自茂陵始也。武帝时，江公与仲舒并，仲舒通五经、能持论、善属文，江公呐于口，上使与仲舒议，不如仲舒，于是上因尊《公羊》家。儿宽善属文，见武帝语经学，上曰："吾始以《尚书》为朴学弗好，及闻宽说可观。"乃从宽问一篇。褚大与儿宽议封禅于上前，大不能及，退而服曰："上诚知人。"韩婴与仲舒论于上前，其人精悍，处事分明，仲舒不能难也。盖武帝方好文辞，申公对以"为治不在多言，顾力行何如耳"，深乖其意。当时家学之废兴，悉视持论之善否以为断，俗学承风，而浮丽之论滋起，西京之学于是而一变也。夏侯建自师事胜及欧阳高，左右采获，又从五经诸儒问与《尚书》相出入者，牵引以次章句，具文饰说。胜非之曰："建所谓章句小儒，破碎大道。"建亦非胜："为学疏略，难以应敌。"张禹先事王阳，后事庸生，采获所安，号《张侯论》。盖皆承浮丽之风，采获牵引，期于饰说应敌，自是章句滋而大道熄也。《前书·儒林传》：申公弟子称许生、徐公，皆守学教授。董生弟子称嬴公，守学不失师法。张无故守小夏侯说，郑宽中守师法教授。至是能守师法殆鲜矣。严彭祖、颜安乐质问疑义，各执所闻。王式曰："闻之于师具是矣，自润色之。"孟喜改师法，秦恭增师法至百万言，故《章纪》诏书有云："虽曰师承，亦别名家。"浮华无用之言，至是而大炽。刘歆、班固、杨终所讥为章句之徒破坏大体，分文析字，烦言碎辞，便辞巧说，破坏形体者，皆谓此也。徐防、樊准亦谓其妄生穿凿，竞论浮丽，则至东京而今文之弊极矣。班固言："自武帝立五经博士，开弟子员，设科射策，讫于元始百余年，传业浸盛，支叶蕃滋，一经说至百余万言，说五字之文至于二三万言，盖利禄之路然也。"其弊皆自武帝启之，必谓汉人之学为皆笃信谨守者，未必然也。

汉初经师传学，繁于传记，略于训说，六艺经传以千万数。而《尚书》初出屋壁，时师传读而已；申公独以《诗经》为训以教无传疑；丁将军作《易说》三万言，训诂举大义而已。《左氏传》多古字古言，学者传训故而已；礼以明体，明者著见，故无训也。其于训说之略，大抵如是，则以师儒之皆致力于传记也。自罢传记博士而章句蔚起，委曲枝派，烦言碎辞，其弊遂至以遵师为非义，意说为得理。故徐防请策试："宜从其家章句开五十难以试之，解释多者为上第，引文明者为高说，若不依先师，皆正以为非。"鲁丕亦言："说经者传先师之言，非从己出，若规矩权衡之不可枉也。法异者各令自说师法，难者必明其据，说者务立其义，浮华无用之言不陈于前。"盖末流之害既深，故徐防、樊准皆思正言以救其弊。刘歆斥博士为信口说而背传记，许慎诉俗儒为怪旧艺而善野言，古文之学，遂乘之而起，则今文学者有以致之也。马融答刘瓌，郑玄答何休，必曰"义据通深"。李育、贾逵争论今、古学，必曰"往复皆有理证"。盖承博士倚席不讲，儒者竞论浮华之后，徒言义理不足以振其颓，必以证据济之，以引文明者为高说，两京之学，至是而又一变也。

古学第五

郑玄《三礼目录》云："《奔丧》实《逸曲礼》之正篇，汉兴后得古文，而《礼》家又贪其说，因合于《礼记》耳。"又云："《投壶》亦实《曲礼》之正篇。"是《逸礼》三十九篇，小戴取以入《记》，不谓为经也。《汉书·儒林传》："客歌《骊驹》，王式曰：在《曲礼》。"服虔说："《逸诗》篇名，见《大戴礼》。"则大戴亦取《逸礼》以入《记》，亦不谓之经也。至孔壁得《逸书》十六篇，孔安国以今文读之，兒宽受学于孔安国，欧阳、大、小夏侯三家皆出于宽，则壁中《尚书》《礼经》，古文家见之，今文家固亦见之也。刘歆必曰："天汉之后，安国献之，遭巫蛊仓卒之难，未及施行，藏于秘府，伏而未发。"然《史记》终于太初元年，而《儒林传》已言"安国至临淮太守，早卒"。是安国已卒于太初之前，乌得天汉之后，巫蛊祸起，而安国尚于时献书？此刘歆曲为博士不见壁书全经之说，而挟古文以自重也。马融谓："《逸》十六篇，绝无师说。"则孔壁得书，今学家不以傅于十七篇之《礼》、二十九篇之《书》，视以为经而传之，古学家亦莫以傅于经而传之。其逸文下及何休、郑玄犹每征用，晋世内府，犹秘藏之，而莫之传者，殆皆以传记视之，不以为经耳。若以无师说故不传，则《周官》《费易》为有师说耶？河内得《泰誓》《说卦》，博士集而读之，为有师说耶？本师廖先谓："《泰誓》为《牧誓》之传，《九共》为《禹贡》之传。"《孔子世家》云："故《书传》《礼记》自孔氏。"盖即谓此《逸书》十六篇、《逸礼》三十九篇，于时儒者，谓之传记，而不谓为经也。

《论衡》云："济南伏生抱百篇藏于山中。《史记》云："汉定，伏生求其书，亡数十篇，独得二十九篇。"《艺文志》之《书传》四十一篇，生终后欧阳、张生之所成也。今《书传》有《帝诰》《说命》《高宗之训》《微子之命》《成王政》《揜诰》，则伏生所传非特二十九篇也。鲁恭王坏孔子宅得《逸书》唯十六篇，而《史记》有《汤征》，《王莽传》有《嘉禾》，《郑志》赵商案《成王》《周官》，则五十八篇外，汉师所见《逸书》犹多。《别录》言："武帝末，民间得《泰誓》。"而娄敬、董仲舒已先见之。河内、鲁壁即不发见《逸书》，而汉师固早传之也。《论衡·佚文篇》："成帝读百篇《尚书》，博士郎吏莫能晓。"《正说篇》云："张霸空起百两之篇，献之成帝，帝出所秘书百篇以校之，皆不相应。"此即《前书·儒林传》所言"霸以能为百两篇征，以中书校之，非是"事也。明百篇之《书》固未尝亡，特不必百篇为经耳。二戴记中有《冠义》《昏义》，此十七篇之记也，有《迁庙》《衅庙》，则十七篇外之《佚礼》也。《古文尚书》殆亦犹是。古文之学，以有壁中佚经而兴，然古学者乃不传佚经，古学之大异于今学者，为独宗《周官》《左氏》，而《周官》《左氏》固自不出于壁中，孔壁佚经果有足为古学之根据者，古文家宁不传之？则知孔壁古文，实非贾、郑古学家之所本，汉魏之交，其籍犹存，而刘歆以后之古学，其所据以立义者，固在彼不在此也。

《汉书·刘歆传》："及歆亲近，欲建立《左氏春秋》，及《毛诗》《逸礼》《古文尚书》，皆列于学官。哀帝令歆与五经博士讲论其议，诸儒博士或不肯置对，歆因移书太常博士责让之。"是刘歆所欲立者《左氏》《毛诗》《佚礼》《佚书》四经。及移书太常，一则曰"得此三事"，再则曰"抑此三学，以《尚书》为备，谓《左氏》为不传《春秋》"，岂博士唯拒立《左氏》及《佚礼》《佚书》，固不非弃《毛诗》，故歆于移书中不再论及《毛诗》耶？《毛传》故训多符《尔雅》，《尔雅》同于《鲁诗》，则《毛》《鲁》故训之不相远也。《坊记》引《燕燕》诗，郑注谓："夫人定姜之诗。"《释文》云："此是《鲁诗》，《毛诗》为庄姜。"《郑志·答炅模》云："为《记注》时就卢君，先师亦然。后乃得毛公传记古书，《记注》已行，不复改之。"明郑君逃难注《礼》时，未见《毛传》，惟就卢君用《鲁诗》耳。故于《士昏礼》注亦引用《鲁诗》，《乡饮酒》注于《南陔》《白华》六诗，两云"今亡，其义未闻"。然在《毛诗》则曰："有其义而亡其辞。"六诗之义，灿然具在，而郑云今亡其义未闻者，以注《礼经》时之未见《毛传》也。其注《鹿鸣》以次十二诗，全符毛义，则知《鲁诗》篇义，同符毛氏也。蔡邕写石经用《鲁诗》，而《独断》说《周颂》三十一篇，亦全符毛义，是亦毛、鲁扶同之证。则太常博士之抑彼三学、不抑《毛诗》，以《毛诗》之同于鲁耶！《荀子》称《传》曰："疾今之政以思往者。"毛氏曰："以一国之事系一人之本。"薛君曰："诗人言《关雎》贞洁慎匹，以声相求，今时大人，内倾于色，贤人见其萌，故咏《关雎》以刺时。"三家有与毛义不合，则以编诗、咏诗、作诗、本义、旁义之殊，偶有别耳。陆玑《疏》云："孔子删《诗》授卜商，商为之《序》。"又云："东海卫宏从曼卿受学，因作《毛诗序》，雅得风雅之旨。"陆说于此一篇之内，义已两歧，知有一误。沈重云："郑玄《诗谱》意《大序》是子夏作，《小序》是子夏、毛公合作，卜商意有不尽，毛更足成之。"则陆之云卫宏作《序》者，文之误也。自范蔚宗不察，全袭陆氏之文以入《儒林传》，遂谬说流传千载也。

　　《十月之交》郑笺云："当为刺厉王，作《故训传》时，移其篇第，因改之耳。"《华黍》笺云："其义则与众篇之义合编故存，至毛公为《故训传》，乃分众篇之义，各置于其篇端。"此众篇之义，初本合编，别自为卷，故齐、鲁、韩《诗》皆二十八卷，毛独二十九卷，其长一卷即此众篇之义。至毛公为《故训传》，乃散此众篇之义各于自篇之端。毛之分义改义，并在作《故训传》之时，是后之《诗序》，即《毛传》各篇传首之文，亦即各篇小题之《传》，而本诸《篇义》之文。旧名义不名序，犹《礼》之《冠义》《昏义》，《易》之《系辞》《文言》，《郑志》所云《篇义》，即谓《序》文，从旧名也（戴震即用《篇义》名）。王肃亦然。《义》中盖有子夏之说，故郑于《常棣》云："此序子夏所为，亲受圣人。"郑盖见《篇义》旧本，故能知之。而《丝衣·篇义》称："高子曰灵星之尸也。"则《义》不必悉出子夏，亦有后师附益之文。《南陔》《白华》《华黍》《由庚》《崇丘》《由仪》六篇皆有其《义》而无其辞，则《篇义》自不限于孔子所定三百五篇，亦不必三百五篇之义悉备于是，或有毛公所补者。故沈重案郑玄《诗谱》意"《大序》是子夏所作，《小序》是子夏、毛公合作"，非郑亲见《篇义》旧本，岂能空为是言。以古《篇义》校《毛传》，故能知其孰为子夏之旧，孰为毛公所益。意《毛传》中如《车攻》《行苇》《素冠》之兼记《逸礼》、逸事，盖悉本诸《篇义》之文，是毛公固取先师相传之义以为《传》，其言全诗之大义者，则置诸一经之首，后所谓《大序》是也。其言各篇义则置于自篇之首，旧义所遗则毛自补之，后所谓《小序》是也。义有出乎三百五篇之外者，则附《南陔》《白华》《华黍》于《鹿鸣》之什之末，附《由庚》《崇丘》《由仪》于《南有嘉鱼》《南山》之后，各以类附。若《逸礼》、逸事，又各以义略相近而附诸各传之中，或传之末，则《篇义》之为古传，其情可以推知。《故训传》中，固有《篇义》之文，而《大、小序》中，亦不尽《篇义》之文也。申公为《诗故训》以教，无传疑，疑者则缺不传。申、毛二氏，各本其相传《尔雅》之《释故》《释训》以为《诗传》，申则疑者缺而不传，毛则卜商意有不尽，更足成之。韩婴当亦见此众篇之义，知子夏之说，故序《夫杕》全同《毛诗》。卜商意有不尽，毛更足成，韩婴推诗人之意而作《内、外传》，此四家之所由同源而异流者欤。申公疑者则缺不传，故与不得已，鲁最为近。四家同异之故，古传《篇义》之事，略明其情，而《诗序》之说可求也。

博士不诽短《毛诗》，而"以《尚书》为备，谓《左氏》不传《春秋》"，《佚礼》《佚书》不得傅于经，则《书》二十九篇、《礼》十七篇，自为完书，无待于壁书然后备。若《左氏》不传《春秋》，则正以其自为一家，祖圣人故也。《华阳国志》引《春秋穀梁传序》云："成帝时，议立三事，博士巴郡胥君安独驳《左氏》不祖圣人。"则刘歆所谓"抑此三学，谓《左氏》不传《春秋》"者，胥君安也。《东观汉记》云："光武兴，立《左氏》，而桓谭、卫宏并共诋訾，故中道而废。"则《后汉书》所谓"诸儒以《左氏》之立，论议欢哗，自公卿以下数廷争之"者，即桓谭、卫宏辈也。《班固集》中，亦有《难左氏》九条、三评等科，桓、卫、班固并属古学，范升今学之徒，自应诋訾《左氏》，而古学家亦诋訾《左氏》。则中兴之际，古文家尊《毛诗》，今文家亦尊《毛诗》；今文家排《左氏》，古文家亦排《左氏》也。《新论》言："刘子政、子骏、伯玉父子，呻吟《左氏》，下至婢仆，皆能讽诵。"而《汉书》本传则云："歆治《左氏》，数以难向，向不能非，犹自持其《穀梁》义。"是刘向非不乐《左氏》，然不肯以《左氏》为经耳。班固、桓谭谅如是也。范升言："《左氏》不祖孔子而出于丘明，师徒相传又无其人。"升等又言："先帝不以《左氏》为经，故不置博士。"此盖两京之通义，非升等之私言也。下至典午，王接谓"《左氏》自是一家书，不主为经"，盖犹有能持其说者。史公序《十二诸侯年表》，列孔氏《春秋》《左氏春秋》《铎氏微》《虞氏春秋》《吕氏春秋》，凡五家，不数《公羊》《穀梁》，以此二家者即孔氏之学，而《左氏》《吕氏》之各自为家也。《儒林传》著录《公羊》《穀梁》，不录《左氏》，以《左氏》非孔氏之徒，而《公羊》《穀梁》乃传孔学者也。《左氏》固不在仲尼弟子之列，自为一家，故曰"不祖孔子""不传《春秋》"也。史迁书称《春秋国语》，两言左丘失明，厥有《国语》，是史公所见左氏书惟《国语》耳。《十二诸侯年表序》云："左丘明因孔子史记，具论其语，成《左氏春秋》。"曰"具论其语"，知《左氏春秋》即《国语》也。《论衡·案书篇》："《左氏》传经，辞语尚略，故复选录《国语》之辞以实。"则取《左氏春秋》《国语》为《左氏传》，汉儒固知其事，史公盖见《国语》而未见后出之《传》也。左史记言，右史记事，言为《尚书》，事为《春秋》。孔氏之书，记事者也；左氏之书，记言者也。《六国年表序》云："《秦记》不载日月，其文略不具，然战国之权变，亦颇有可采者。"亦见记言之体，不载日月，全与《春秋》相乖，《左氏》《国语》，正亦如是，而谓为孔经之传可乎？凡左、孔二家，说事每有乖违者，正以此也。自吴期传铎椒，铎椒传虞卿，各作抄撮，而晋之《乘》、楚之《梼杌》，悉杂入鲁《春秋国语》，则乖违又更甚也。杜预言："《春秋》一书，其发凡以言例者，皆周公之垂法，史书之旧章。"《国语》亦有发凡言例者，殆亦周公之旧章耶！前儒（刘敞、黄泽、赵汸）每谓"《左氏》所发皆史例，泛以旧章凡例通之于史策耳。"则《左氏》自据《不修春秋》以立言，此汉师不以《左氏》为经，谓不祖孔子、不传《春秋》者也。

班固言："初《左氏传》多古字、古言，学者传训故而已。及刘歆治《左氏》，引传文以解经，转相发明，由是章句义理备焉。"以《左氏》为传《春秋》，其事自子骏始也。《论衡》所谓选录《国语》为《左氏传》，盖自子骏为之，此杜预所谓"刘子骏创通大义"者也。歆欲立《左氏》，则并引《毛诗》《佚书》《佚礼》以为助，而博士折之。及王莽居摄，乃立《周官》。贾疏云："《周官》始出，唯歆独识，其年尚幼，务在广览博观，末年乃知其周公致太平之迹。"然自武帝以来，《周官》已显，而必至刘歆末年始知其为周公致太平之迹，明前世之儒，无为是说者，至歆而始据以遍说群经，遂为古学根荄，于博士之外，自为一宗。然《左氏》不祖孔子，孔子定六艺亦不及官礼，明此两家之书，无关孔氏之学，并此二学于六艺者，刘歆之事也。言《左氏》者本之贾护、刘歆，贾之徒有陈元，刘之徒有郑兴、贾逵，而《左氏》起也。贾逵、郑众，洪雅博闻，又以经书传记相证明为解，而《周官》起也。《左氏》初出，固不用《周官》立说，大同今文。乃《周官》立而《左氏》袭用之，今古之界遂以渐严，井研廖先、仪征刘先意谓刘歆初本用今文，以《王制》通《周官》，既不容于博士，后倚新莽，乃独主《周官》，立异今文，与《王制》劈析分绝。贾、马相沿，并同斯义。及后郑立说，其《驳五经异义》，今古之界，尚属燎然，而笺注群经，则一以《周官》通《王制》，而今古两学又混也。王肃力反郑君，而混同两家，与郑无爽，此去彼取，乃见异同，此古学说礼之大纲也。刘子骏创通大义以来，说《左氏》者十数家，于丘明之传有所不通，皆没而不说，而更肤引《公羊》

《穀梁》以自乱。至杜预则专修丘明之传以释经，自谓简二传去异端，固又与贾、服殊趣也。郑玄"本习《小戴礼》，后以古经校之，取其义长者，故为郑氏学"。于《论语》则本《鲁论》篇章，考之《齐》《古》为之注，受《京氏易》而注《费》，通《韩诗》而笺《毛》，皆冶今古为一炉者。至王肃申明毛义以难三家而三家废，王弼一去比附爻象之说而今《易》废，则古文至杜预、王弼，始全离今文而自树一帜也。

刘歆之创立古学，发端于《左氏》，归重于《周官》。方其初起，尚近今文，后乃益去而益远。《尚书》初出屋壁，其立异博士者，惟逮事先后而已。至桑钦而地理乃有异说，至刘、贾而言礼制又殊，至马、郑而训读毕异，则知古学之以渐而起也。费氏长于卦筮，亡章句，徒以《彖》《象》《系辞》十篇文言解说上、下经，未足以言古学。荀悦言："南郡太守马融，始生异说。"盖陈元、郑众传费氏《易》，未有著书，则言《易》有古文学自马氏始也。马于象疏，郑合之以爻辰，马于人事杂，郑约之以《周礼》，而古文《易》以起。及王弼祖述子雍，乃入于玄，则并两汉师说而空之，而《易》又一变也。言《春秋》至杜元凯，言《毛诗》至王子雍、孙毓，而古学始大成。魏晋之儒，固未易诋也。范注《穀梁》，每攻本传，斯亦前修所尝诋评者。然范所据以攻《穀梁》者《周官》也，执《周官》

以遍说群经者，郑氏家法也。郑于《春秋》左右采获，不主一家，而以《穀梁》为善经近孔，范注《穀梁》，每据郑《起废疾》为之本，而兼采二传，征引诸家，皆列名氏，于康成则独曰郑君，则范之正为郑学也。蔚宗书言："王父豫章君每考先儒经训，而长于玄，传授生徒，并专以郑氏家法。"则范之确宗郑学审矣。范宗郑学，则不得尊郑而抑范。皇甫谧为《帝王世纪》，立说多同《孔传尚书》，士安不异《伪孔》，则不得排《伪孔》而独崇士安。自古学分合异同之故不明，而摧抑推扬，遂多两失，于汉则伸之，魏晋则概黜之，是亦不明汉师经例，昧于子骏以来，下至杜、王，经术之迁变者也。

南学北学第六

《隋书·经籍志》云："贾逵之徒，因鲁共王、河间献王所得古文，参而考之，以成其义，谓之古学，当世之儒，又非毁之，竟不得行。"又云："魏代王肃，推引古学以难其义，王弼、杜预从而明之，自是古学稍立。"明古学肇于贾、马，成于王肃，王弼、杜预皆肃之徒也。王弼注《易》，祖述肃说，特去其比附爻象者（张惠言说）。杜预注《左传》，亦阿附肃说（丁晏说）。明二家皆推肃义以述作。陆元朗言："王肃注今文，而解大与古文相类，或肃私见《孔传》而秘之乎？"则梅赜所传《孔氏古文书传》，亦为肃学。《隋书·儒林传》云："江左《周易》则王辅嗣，《尚书》则孔安国，《左传》则杜元凯；河洛《左传》则服子慎，《尚书》《周易》则郑康成；《诗》则并主于毛公，《礼》则同遵于郑氏。"此南北学派之殊，而南则悉子雍之术也。郑注《左传》，世所不传，《世说新语》言："郑谓服今当尽以所注与君，遂为服氏注。"则六代固以《服注》即《郑注》，是北学者悉康成之术也。

张融言："玄注泉深广博，两汉四百余年，未有伟于玄者。"萧子显《刘瓛传论》言："康成生炎汉之季，训义优洽，一世孔门，褒成并轨，故老以为前修，后生未之敢异。而王肃依经辩理，与硕相非，爰兴《圣证》，达用《家语》，以外戚之尊，多行晋代。"郑学在当时传业既盛，王则依典午之势以行其学，于此可见也。《虞翻别传》："翻奏郑玄解《尚书》违失事，云宜命学官定此三事。"是康成之书，于时已在学官。《王肃传》："为《尚书》《诗》《论语》《三礼》《左氏解》，及撰定父朗所作《易传》，皆列于学官。"子雍之学，于时亦并立学官也。《魏志·高贵乡公纪》："命讲《尚书》，帝问郑、王二义不同，何者为是，博士庾峻对曰：肃义为长。"二学之在帝廷，固有对垒抗行之势。元行冲言："郑学马昭，诋诃肃短。召王学之辈，占答以闻。又遣博士张融，案经论诘。"《魏志》："孙叔然受学郑玄之门人，肃集《圣证论》以讥短玄，叔然驳而释之。肃著诸经传解及论定朝仪，改易郑玄旧说，而王基据持玄义，尝与抗衡。"子雍注《诗》述毛非郑，而基为《诗驳》，申郑驳王。是二家之学，在肃时已论诘断断，不特孙毓、陈统之徒激争于后世而已。王肃《孝经传》首有司马宣王奉诏令诸儒注述《孝经》，以肃说为长（《孝经正义》）。太康初，挚虞奏丧制，郑、王各有异同，可依准王景侯（《晋书·礼志》）。知魏晋之际，郑、王并立，而廷议则绌郑从王。此萧子显所谓以外戚之尊，多行晋代者也。李业兴、朱异郊丘之辩，则中原分崩之后，王学行南，郑学行北，而朝廷制度准焉。犹汉家立今学，而王莽依古文之事也。房晖远云："江南、河北，义例不同。"则二学愈远而愈歧。颜之推《家训》每称江南本、河北本，陆元朗书亦著南北殊音，则义例、文字、音读皆相反异也。

《李撰传》："撰父仁与尹默俱游荆州，从司马徽、宋衷等学，撰具传其业。又从默讲论义理，著《古文易》《尚书》《毛诗》《三体》《左氏解》《太玄指归》，皆依准贾、马，异于郑玄，与王氏殊隔，初不见其所述，而意归多同。"《肃传》："从宋衷读《太玄》而更为之解。"则子雍之学，本自宋衷。子雍善贾、马之学而不好郑玄，仲子之道然也。撰、肃之学，并出宋衷，故意归多同。《刘表传》："表在荆州，起立学校，博求儒术，綦母闿、宋衷等撰立五经章句，谓之《后定》。"王粲走依刘表，或即在开学之时，则三子之在荆州，自系同时。仲宣盖亦尝学仲子之道，闻《后定》之论，故谓："伊洛以东，淮汉之北，郑氏一人而已，莫不宗焉。咸云先儒多阙，郑氏道备，粲窃嗟怪，因求其学，得《尚书注》，退而思之，以尽其意，意皆尽矣，所疑之者，犹未愈焉。"颜之推尝说："《王粲集》中难郑玄《尚书》事。"元行冲云："凡有两卷，刻于其集。"《新唐志》有"郑玄《尚书注释问》，王粲问，田琼、韩益正"。是粲为最先攻郑者，而田琼、韩益申郑以正之。仲宣亦传宋衷之业者，南学盖源于仲子之《后定》，而大于子雍也。

东汉之世，陈元、范升争论今古学于前，郑玄、何休争论于后。及宋衷、王肃以来倡言攻郑，而南学、北学又分。杜预、何晏、王弼、钟会、庾峻、挚虞、孔晁、孙毓、皇甫士安、伪孔安国，立说皆党王氏，南北二学之相非，固不让于汉人之论今古。钟会论《易》无互体以非郑，而荀𫖮难之，顾夷有《难王辅嗣易》一卷，王济、孙盛、荀融并讥短王氏，此《易》家南北二学之争也。王肃注《诗》述毛非郑，王基则驳王肃申郑义，孙毓评毛、郑、王肃三家朋于王，陈统又难孙申郑，此《诗》家南北学之争也。王粲问郑氏《书》，田琼、韩益救之，《伪孔传》成而皇甫谧朋之，此《书》家南北学之争也。崔灵恩著《左氏条义》，申服以难杜，虞僧诞又作申杜难服以答灵恩，苏宽为疏又专攻贾、服，此《左氏》家南北学之争也。六代之际，犹复断断激论，非只马昭、张融、孔晁、王基之徒嘲讥于前世而已。郑笺每以韩、鲁易毛，王则述毛以难三家，刘、贾、服、颍时肤引二传以自乱，而杜则专据《左氏》，郑、荀之《易》尚错出于孟、京，辅嗣则一本于《彖》《象》。则子雍以前，古学尚牵合于今文，子雍而后皆一摈今文而不取，则古学之纯，又不可谓非南学之所长也。惟郑氏于《礼》糅杂今文，子雍排郑，乃蹈其失，不能反诸贾、马前辙，斯则王氏之又不足与言贾、马者也。

子雍爱兴《圣证》，达用《家语》，而马昭以此《家语》非郑所见，故前儒谓为王肃伪造之书。两京无言孔安国作《尚书传》之说，独王肃《家语·后序》云："安国为《古文论语训》十一篇、《孝经传》二篇、《尚书传》五十八篇。"是伪孔之《古文尚书》已见称于子雍之书，盖即作于子雍之手，又并作《论语孔训》《孝经孔传》，故云肃注与古文类也。子骏惟托孔壁佚书，子雍乃竟作《安国训传》，《孔丛子·叙书》

亦称："已定五十余篇，并为之传。"说与《家语》《孔传》相符。则又并造《家语》《孔丛子》，其诬妄又过刘远矣。前晋博士十九人，《孔氏训传》已列其间，明《伪孔》学之行为时已早。郑冲以古文授苏愉，数传而至梅赜，郑冲共何晏集《论语集解》，亦采孔氏之《训》，是郑冲即首传伪孔氏学之人。是其学出自魏末，固非始于东晋也，亦见《孔传》行世之早。荆州初有异说，景侯以后更有伪书，以为证验，而诸儒遂依之述作。皇甫谧于外弟梁柳处得《古文尚书》而作《帝王世纪》，汲冢竹书之出，更与南学水乳相溶，同为一派也。

郑玄括囊大典，网罗众家，冶今古两学于一炉，王肃难郑，一蹈郑失，或又甚焉。逮二家分行南北，河洛尚笃信康成，江左则不能确宗王氏。《南齐书》谓："江左儒门，参差互出。"盖群经集解，盛于一时，家学师法，扫地以尽。及今文章句沦亡，义疏遂猬起于齐梁之际。唐一区宇，孔颖达、贾公彦等制作正义，南北二学，遂合而为一，守学之伦，笃信奉之，莫敢同异。王元感长安三年表上《尚书纠谬》十卷、《春秋振滞》二十卷、《礼记绳愆》二十卷，并所著《孝经》《史记》稿草。祝钦明、郭山恽、李宪等皆专守先儒章句，深讥元感捃摭旧义。魏知古、徐坚、刘知几、张思敬雅好异闻，每为申理，其论丧以三十五月为说，而张束之破之。在唐之世，异说与守学争，自元感始矣。赵州啖叔佐善为《春秋》，考三家短长，缝绽漏阙，号《集传》，赵匡、陆质传之，遂名异儒。大历时，助、质、匡以《春秋》，施士匄以《诗》，仲子陵、袁彝、韦彤、韦茝以《礼》，蔡广成以《易》，强蒙以《论语》，皆自鸣其学。而士匄、子陵最卓异，唐之异儒，于斯为最，而经术遂一大变也。《能改斋漫录》《困学纪闻》等并谓："庆历以前，多遵章句注疏之学，谈经者守训故而不凿，自刘原父为《七经小传》，始异诸儒之说，而稍尚新奇。王荆公修经义，盖本于原父，视汉儒之学若土梗。"盖至是而汉、魏师法扫地尽也。《四库提要》云："越孔、贾、啖、赵，以及北宋孙复、刘敞等，各自论说，不相统摄，及其弊也杂。"此正说大历以至庆历之学也。又曰："洛、闽继起，道学大昌，摆落汉唐，独研义理，经师旧说，俱排斥以为不足信，其学务别是非，及其弊也悍。"此言伊洛以来之学也。又曰："学脉旁分，攀缘日众，驱除异己，务定一尊，自宋末以逮明初，其学见异不迁，及其弊也党。"此朱学独盛以后之学也。又曰："主持太过，势有所偏，材辨聪明，激而横决，自明正德嘉靖以后，其学各据心得，及其弊也肆。"此言王学大行以来之学也。大历以来，谈经之变，尽于是矣。自啖助、赵匡下及黄泽、赵汸，说经非无可取，洛、闽、姚江之学，直可建诸天地而不悖，百世以俟圣人而不惑，然其以说经为余事，于圣作贤述之本、师法条例之奥，即谓之未留意及之亦可也。

内学第七

《五行志》言："董仲舒治《公羊春秋》，始推阴阳为儒宗。"盖经师而言灾变，自仲舒始也。《志》又言："夏侯始昌通五经，善推五行传，以传族子夏侯胜，下及许商，皆以教所贤弟子。"则汉师传经，虽并传灾异五行之说，经则遍授弟子，灾变实不以遍授弟子，故仲舒著论，吕步舒不知其师书，以为大愚，此固内学之名所由立也。翼奉好律历阴阳，同门之匡衡、萧望之不必晓律历阴阳，李寻独好《洪范》五行，同门之郑宽中不必亦传《洪范》五行。盖灾变章句之说，虽一师传之，而道究未尝混也。《尹敏传》云："谶书非圣所作，其间多近鄙别字，颇类世俗之辞，恐疑误后生。"又曰："臣见前人，多增损图书。"此今文家亦难图谶者也。则今文家而好灾变图谶者有之，辟灾变图谶者亦有之，虽同出一师，或传或不传，固未定也。《荀子·天论》言："夫日月之有蚀，风雨之不时，怪星之党见，是无世而不常有之。上明而政平，则是虽并世起无伤也；上暗而政险，则是虽无一至者无益也。夫星之队、木之鸣，是天地之变、阴阳之化、物之罕至者也，怪之可也，而畏之非也。物之已至者，人祆则可畏也。传曰：万物之怪，书不说。无用之辩，不急之察，弃而不治。若夫君臣之义，父子之亲，夫妇之别，则日切磋而不舍也。"盖阴阳家自昔牵于禁忌，泥于小数，舍人事而任鬼神，大祥而众忌讳，使人拘而多所畏，传《春秋》《洪范》者恒泥之，战国之世荀子已诤议之也。《荀子》又言："日食而救之，天旱而雩，卜筮然后决大事，非以为得求也，以文之也。故君子以为文，而百姓以为神。"二派并峙，于六国之世已然也。

桓谭言："今诸巧慧小才数术之人，增益图书，矫称谶记。"古文家若桓谭、郑兴、贾逵之斥图谶，事固显著，无待论也。然《后汉书·李通传》言："通父守从刘歆学星历谶记。"则歆为古学本师，亦传谶记。贾逵以《左氏》证帝宣，又窜"其处者为刘氏"一语于《传》中以合谶。郑玄注经亦征秘说（谶纬），《左氏》传于张苍，苍实著《终始五德传》者，犹的为邹衍之徒。则信谶纬者今文家有之，古文家亦有之，辟谶纬古文家有之，今文家亦有之，非独一家之过也。《包元太平经》之出，李寻附之，而平当不以为可。孟喜得阴阳灾变书以为枕膝独传，而梁丘贺疏通证明之，焦延寿独得隐士之说，京房以延寿《易》即《孟氏易》，而翟牧、白生不肯，皆曰非也，其事尤著。汉世今古两家经师之兼通灾变，犹贾生、晁错之兼明申、商，主父偃之习纵横家言，不必传《书》《易》者皆习申、商、苏、张之言，申、商、苏、张之学即《书》《易》之学也。

张衡言："圣人明审律历，以定吉凶，重之以卜筮，杂之以九宫，经天验道，本尽于此。"此灾变律历之学自为一派也。又曰："或观星辰顺逆，寒燠所由，或察龟策之占，巫觋之言，其所因者非一术也。立言于前，有征于后，故智者贵焉，谓之谶书。"此图纬之学，又一派也。又曰："夏侯胜、眭孟之徒，以道术立名，其所述著，无谶一言，刘向父子领校秘书，阅定九流，亦无谶录，成、哀之后，乃始闻之。"则纬学虽导源于西京，然西京为律历阴阳之学，而非成、哀以后东京图谶之学，其道固不相谋也。故衡又言："律历、卦候、九宫、风角，数有征效，世莫肯学，而竞称不占之书。"则灾变之与谶记，其本各殊，其辨亦显，两汉所尚，自各不同。《封禅书》云："自齐威、宣之时，驺子之徒。论著终始五德之运，及秦帝而齐人奏之，故始皇采用之。而宋毋忌、正伯侨、充尚、羡门子高之类，皆燕人，为方仙道，形解销化，依于鬼神之事。驺衍以阴阳主运显于诸侯，而燕、齐海上之方士，传其术不能通。"盖于两汉则董仲舒、夏贺良之术既殊，于六国则宋毋忌、驺衍所传亦异，齐人五德之运，此《七略》数术之学也，燕人形解销化，此《七略》方技之学也。远则燕、齐殊科，近则两汉异致，皆于经术无涉，自儒者混而同之，各家之真遂莫能辨析也。

两汉经学有经学之师传，言五德者有五德之师传，董仲舒、何邵公同传《公羊》之学，一言赤统，一言黑统，其言《公羊》虽同，而言五德则异。张苍以汉当水德，黑统之说也；刘向、刘歆以汉当火德，赤统之义也；贾谊又谓汉当土德。三家同传《左氏》，而言五运则互不相同。公孙弘亦同贾谊、儿宽，说汉当土德，弘为《公羊氏》学，既异于董生，又异于邵公。谊为《左氏》学，既异于张苍，复异于子骏。言《春秋》则同，而言五运则异，言《春秋》或异，而言五运则同。则经术自经术之传，五运自五运之传，于此更可见也。西狩获麟，《左氏》说："麟是中央轩辕大角之兽。"与《春秋》说"麟生于火、游于土，中央轩辕大角之兽"同。《公羊》家旧说"麟为土畜"，服虔亦说"麟中央土兽"。明《公羊》旧说与《左氏》同。及何休说"麟为木精"，陈钦说"麟是西方毛虫为金精"，则何休不与《公羊》旧说同，服虔又与陈钦说《左氏》异也。亦有说"麟为北方玄枵之兽阴之精"，殆别一家《春秋》之说欤！经术与五行之传授既殊，自不必传五经者即传五行，则阴阳五行说之不与经相混淆，更可知也。

荀悦言："世称纬书，仲尼之作。司空爽辨之。"《荀淑传》爽书有《辨谶》，盖发其伪也。其有起于中兴之前，终章之徒之作乎？张衡以谶书为成、哀之后乃始闻之，则律历五行为先秦之旧说，而谶记为汉季之伪书。王莽传："孟通浚井得白石丹书，符命之起自此始。"莽又征天下天文、图谶、钟律、月令、通知其意者，光武以图谶兴，遂宣布图谶于天下，以故内学滋盛。樊鲦以谶记正五经异说，复诏东平王苍正五经章句，皆命从谶。盖俗儒趋时，益为其学，篇卷第目，转益增广，言五经者皆凭为说（《隋书·经籍志》文）。在西汉，仲舒之徒言灾变，其文皆别见《繁露》，公羊氏之《传》无之，至东汉何邵公之伦，则《演孔图》之类悉取以入《解诂》中，盖又承东平王苍之后，囿于以谶说经之习也。《封禅书》所载鼎书、札书，在《汉纪》并谓之谶，《史记·贾谊传》《越世家》所称之策，《汉书》《风俗通》并谓之谶，尤足见图书古固有之，入后则并以之为谶。此桓谭所谓增损图书，矫称谶记，张衡所谓图谶成于哀平之际者也。下至东汉，谶说始入于经，王弼、杜预而后，乃一屏纬说，不更牵引，此又不可谓非子雍之长也。

鲁学齐学第八

刘歆言："往者《书》有欧阳，《春秋》公羊，

《易》则施、孟，孝宣皇帝犹复广立《穀梁春秋》，梁丘《易》，大小夏侯《尚书》，义虽相反，犹并置之。"则知今文之学，亦自相反异，故宣帝诏诸儒议五经同异于石渠阁，明博士之业，互不相同，非但费、左古学与今文反异而已。既宣帝所立博士，与旧在学官之学反异，则是《公羊》与《穀梁》反异，欧阳与夏侯反异，施、孟与梁丘反异可知也。宣帝闻卫太子好《穀梁春秋》，以问韦贤、夏侯胜、史高，皆鲁人也。言"穀梁子本鲁学，公羊氏乃齐学也，宜兴《穀梁》。"至甘露中乃有石渠之议，而《穀梁》遂大盛，则石渠之议，其意固在兴《穀梁》、崇鲁学。夏侯氏，鲁人也，立《穀梁》并立夏侯，则夏侯亦鲁学之党耶！又并立梁丘，盖梁丘亦鲁学之党也。是知十二博士之间，有齐学，有鲁学，所谓义虽相反，即谓此鲁学与齐学之相反，五经同异，即此鲁学与齐学之同异也。石渠之称制临决，大端在礼制，故今文学各家礼制大段相同，礼制而外，若义例，若文字，石渠之议所弗及者，则各家之异仍自若也。

《公羊》齐学，《穀梁》鲁学之外，《诗》则有《齐诗》《鲁诗》，《论语》则有《齐论》《鲁论》，齐、鲁之分，此为最明。班固言："申公为训故以教，无传疑，疑者则缺弗传。"又言："齐辕固、燕韩生皆为之传，或取《春秋》，采杂说，与不得已，鲁最为近之。"则知鲁学谨严，齐学驳杂，何休以《公羊》多非常异义可怪之论，何晏说《齐论》多《问王》《知道》二篇，二十篇中章句颇多于《鲁论》，皆足见齐学不如鲁学之纯。武帝末，民间得《泰誓》，欧阳氏取以入经，而夏侯不取，则欧阳与《齐论》之多《问王》《知道》为何如？郑玄《书赞》谓："欧阳氏失其本义。"则欧阳不得孔氏学之嫡传可知也。孟喜好自称誉，得《易》家候阴阳灾变书，以为师田生且死，枕膝独传，而梁丘贺疏通证明之，则孟喜与《公羊》之多非常异义可怪之论则何如？汉世以喜改变师法，不得为博士，则孟氏不得为孔学之嫡传可知也。二戴之记，《投壶》《奔丧》取之《逸礼》，且取子思子、淳于髡、曾子、公孙尼子、荀卿、贾谊以为书，则与《齐诗》之取《春秋》采杂说为何如？则齐学之党为杂取异义，鲁学之党为笃守师传，以石渠议后十二博士言之，则《鲁诗》、大小夏侯之《尚书》、后氏《礼》、梁丘氏《易》、穀梁《春秋》，此鲁学之党也。齐韩《诗》、欧阳《尚书》、施氏孟氏《易》、公羊《春秋》，此齐学之党也。齐、鲁治学，态度各殊，《公羊》《穀梁》《易》《书》之学，在汉传之者非特齐鲁之士，盖以合于齐人旨趣者谓之齐学，合于鲁人旨趣者谓之鲁学，固不限于汉师之属齐、属鲁也。

言六艺者，鲁人之学，非齐人之学也。以稷下先生考之，齐人之学，本以诸子为最盛。孔氏之徒，孟子、孙卿之列，偶有厕身其间者而已。《史记》言："齐自威王、宣王之时，喜文学游说之士，自如邹衍、淳于髡、接予、田骈、慎到、环渊之徒七十六人，皆命曰列大夫，不治而议论，为开第康庄之衢，高门大屋尊宠之。"则齐学尊百家言可决也。考稷下先生之可见者约十数人，以司马谈所列六家分隶之，曰邹衍、邹奭，此阴阳家也；曰孟子、荀卿，此儒家也；曰宋钘，墨家也；曰尹文，名家也；曰慎到、田骈，此法家也；曰接予、环渊，此道家也。惟田巴、徐劫持说不可知，儒家鲁连、名家兒说，亦在稷下。明齐学备六家，而儒其一耳。孟子为卿于齐，荀卿三为祭酒，郑氏《书赞》谓："先师棘下生亦崇此学。"孔氏之学，于时遂流入于齐，别为齐学，与鲁人六艺之学有别。史迁言："稷下学士复盛，且数百千人。"《孟子》书称："养弟子以万钟。"盖稷下先生七十六人，而稷下弟子数百千人，则齐学之盛也。汉之博士弟子，或亦仿于此。就汉世言之，鲁学谨笃，齐学恢宏，风尚各殊者，正以鲁固儒学之正宗，而齐乃诸子所萃聚也。《艺文志》：《论语》有"《燕传说》三篇"。《儒林传》以燕韩太傅《诗》不如韩氏《易》深，齐鲁之外复见有燕学。井研先生以燕学同于齐学，盖燕之风尚，素与齐同，燕之儒生多自齐往故也。《史记》云："燕昭王收破燕之后，乃卑辞厚币，以招贤者，于是乐毅自魏往，剧辛自赵往，邹衍自齐往。"齐有稷下，燕有碣石之宫，其事一也，则燕学者齐学之附庸也。

许慎说："分为七国，田畴异晦，车涂异轨，律令异法，衣冠异制，言语异声，文字异形。"盖自七国之分，而法制礼仪并殊异也。《荀子·解蔽》言："今诸侯异政，百家异说。"李斯言："往者天下散乱，莫之能一，是以诸侯并作语，皆道古以害今，饰虚言以乱实，人善其所私学，以非上之所建立。今皇帝并有天下，别黑白而定一尊，私学而相与非法教，人闻令下，各以其学议之。"盖诸生各以己国之私学，衡秦人之法教与建立，此焚坑之祸所由来也。各国礼制，本自不同，齐、鲁之学，因之以异。《公羊》言"岁则三田"，《穀梁》言"四田"。而《王制》与《公羊》同，与《穀梁》异。《王制》言："公侯皆方百里，伯七十里，子男五十里。"而《公羊》以"伯子男同一爵"。是《王制》为今文礼制之宗，而或取《齐》，或取《鲁》，左右采获以为书。故俞荫甫谓《王制》与《公羊》同，廖师又谓其与《穀梁》同，则今文为糅合齐鲁两学而成者也。盖齐、鲁之学，本自各殊，凡妾母之得为夫人，葬之不为雨止，莫不因二家所据礼文各殊而异解。王吉传《邹氏春秋》，其言"《春秋》大一统者，六合同风，九州共贯"，义符《公羊》。廖师以邹氏即邹衍，则《公羊》之旨，浸淫于邹氏者多。刘向以《礼·王度记》为"齐威王时淳于髡等所作"。此齐人之礼，汉文《王制》，所由仿也。《王度记》言："天子驾六。"与《公羊》同，孔氏之学入于齐，而义则浸淫于邹衍，礼则糅杂于淳于髡，自不纯于鲁人之义，而齐人固以百家之旨为主者也。至《檀弓》一篇独称邾娄，文与《公羊》同，言立弟、立孙亦与《公羊》会，以见齐学之自相会而与鲁殊科也。

《公羊》齐学，既杂以淳于髡、邹衍之言，如说襄公灭纪为复九世之雠等事，尤为祖齐之明效，《穀梁》鲁学，言礼则与孟子符同，正以孟子为鲁学之嫡派也。鲁以六艺为正宗，齐为百家所聚萃，持百家之语比之孟氏所陈，而后鲁学之陈义足珍，乃更昭然显著也。善条列诸子者，无过于庄子、荀子、司马谈三家，若刘氏九流之分，本以校书而立部别，《淮南·要略》所陈，专就致用立说，皆不足持以辨章学术。司马谈分六家，则专就学术而言也。曰道家，老、庄之徒，多是南人，此荆楚之学也。曰法家，申、韩（商君卫人）之徒，并是北人，此三晋之学也。孔、墨则同为鲁人，此东方之学也。曰名家，庄子所谓别墨，史公谓"申、韩之学，归本于黄老"，则刑名不无取之黄老。法家、道家虽不同，贵己而贱人，绌文学，摈仁义，则同。孔、墨之学虽不同，而法先王，道尧舜，贵文学，奉《诗》

《书》，仁民而惠物，卑己而爱人，则同。是中国学术固有南北之殊，尤见东西之别，一爱人、一贵己，一文一质，其判较然也。曰阴阳家，恐亦未足以言学，盖中国古代学术，多源于巫，则司马谈之列阴阳家，正以之统上古旧有文化，而此五家者皆后起之文化也。法家统于道家，名家统于墨家，阴阳家则巫史所传旧文，无裨学术。则六家之学，惟儒与道墨三家而已。荀卿《非十二子》曰：魏牟、它嚣，纵情性之一派，此道德家也。曰陈仲、史鳅，忍情性之一派，此巫史家也。墨翟、宋钘，无法者也，此为墨家。慎到、田骈，尚法者也，此为法家。子思、孟子，略法先王为儒家。惠施、邓析，不法先王为名家。荀卿之六家，亦即司马谈之六家也？《庄子·天下篇》亦分六派，曰墨翟、禽滑厘，此墨家也。曰宋钘、尹文，是亦墨之一派，而渐入于名家者也。曰关尹、老聃，此道家也。曰彭蒙、田骈、慎到，亦道之一派，而渐入于法家者也。庄子自为一家，不离乎道德者也。惠施，名家，此庄子所常诋斥者也。（陶潜《群辅录》以宋钘、尹文为墨家。）是庄子所陈六家，亦不出于司马谈六家之外，名源于墨，法归于道，道与儒、墨并立为三，晚周之学，其主要者惟此而已。道家知重形而上者而遗形下，墨家知重形而下者而遗形上，儒家之学即形下即形上，不溺于物，不沦于虚，故曰中庸，此孔氏之所以为高也。传孔氏之学者孟、荀并称，而荀氏已囿于三晋之说，惟孟氏为不失鲁人面目。持道家言者许行之属，托神农，囿于南学也。墨翟托夏禹，染于北学也。仲尼祖述尧、舜，删《书》自唐虞，《庄子》谓："自有虞氏招仁义以挠天下也，天下莫不奔命于仁义。"又曰："有虞氏其犹藏仁以要人。"则仁义之说固虞舜之道，而舜东夷之人，孔子谈仁义称唐虞者，守东方之教；孟子又笃信孔氏之学而不失邹、鲁之轨范者也。

晋学楚学第九

《诗序》言："王道衰，礼义废，政教失，国异政，家殊俗，而变风变雅作也。"《论语》云："天下无道，礼乐征伐自诸侯出。"则殊礼异教，其来已渐，非自七国始也。《史记》言："自孔子卒后，七十子之徒散游诸侯，子路居卫，子张居陈，澹台子羽居楚，子夏居西河，子贡终于齐。"则孔氏之学，于时已散在中国。又云："是时魏文侯好学，齐、鲁之间，学者独不废也。齐、鲁之间于文学，自古以来，其天性也。"知六国之际，孔氏之徒，虽散处天下，然传学最盛者，独魏与齐、鲁耳。刘歆言："邹、鲁、梁、赵，颇有《诗》《礼》《春秋》，先师皆起于建元之间。"则汉

兴言学略盛者，又唯邹、鲁、梁、赵耳。《魏世家》
言："惠王数败于军旅，卑礼厚币以招贤者，邹衍、淳
于髡、孟轲皆至梁。"《平原君列传》："平原君厚待
公孙龙，善为坚白之辩，及邹衍过赵言至道，乃绌公孙
龙。"《别录》言："邹衍过赵，平原君见公孙龙及其
徒綦母子之属，论白马非马之辩以问邹子。"则梁赵之
学，以魏文侯、梁惠王、平原君之礼致贤者而盛耳。今
文之学，邹、鲁、燕、齐之学也，梁赵之学，于何求
之？《毛诗》传于赵国毛苌，《左氏》传于赵国贯长
卿，二家并为河间献王博士，《孝经》为河间颜芝所
藏，《周官》为献王所得。河间，故赵地也。进而推
之，李克传《毛诗》，魏文侯之相也；吴起传《左氏春
秋》，魏文侯之将也；蔡邕《月令章句》引魏文侯《孝
经传》；汉得魏文侯乐人窦公，献其书则《周官·大宗
伯》之《大司乐》章也。则今文之学源于齐、鲁，而古
文之学源于梁、赵也。《贾山传》："山祖父祛，故魏
王时博士弟子。山受祛学，所言涉猎书记，不能为醇
儒。"则魏博士之业可知也。汲郡得《魏冢书》，当即
魏人之宝书、博士所职，而有《生封》《大历》《缴
书》《图诗》之类，昔人谓之杂碎怪妄，则魏人之学，
杂碎不醇之学，旧法世传之史文也。汲冢得书，义与
古文相会。《纪年》，晋史，杜预说："诸所记多与
《左氏》扶同，异于《公羊》《穀梁》。"朱右曾言：

"《逸周书》其间多晋史之词。"《职方》一篇，又全符《周官》。汲冢又有《师春篇》，全取《左氏》言卜筮事，则尤足见古文之学梁、赵之学也。自王肃以下，多据《周书》《纪年》，以其义与今文相反，同于古文。顾炎武以晋用夏正，《左氏》言夏正为多，每与《春秋》经文相驳。姚姬传氏直以《左氏》为吴起之书，媚魏而作。汲冢得《易》有上、下《经》而无《彖》《象》《系辞》《文言》，有《易繇阴阳卦》，似《说卦》而异，而汉人《说卦》固非田生所传，而得之河内者。则魏人之学，本无与孔氏之业也。《逸书》七十一篇在孔氏外，齐、鲁传《书》二十九篇，汲冢又无之。《纪年》言："夏年多殷，益干启位，启杀之，太甲杀伊尹，文丁杀季历。"更与六经相背，而与韩非相同。足见魏人之学，大异于孔氏，而古文之学来自梁、赵，孔氏学而杂以旧法世传之史，犹燕、齐之学为孔氏学而杂以诸子百家之言，其离于孔氏之真一也。

《汉书·刑法志》："周道衰，法度堕，至齐桓公任用管仲，乃作内政而寓军令焉，故卒伍定乎内，而军政成乎郊。齐桓既没，晋文接之，亦先定其民，作被庐之法，然其礼已颇僭差，又随时苟合，以求欲速之功，故不能充王制。"此汉时齐、晋改制之师说也。齐、晋自为霸制，故曰不能充王制。则齐、晋礼制之殊，桓、文所制耶！《左传》文十五年："诸侯再相朝以

经学抉原 ·111·

终王命，古之制也。"昭三年《传》："昔文、襄之霸也，其政不烦诸侯，令诸侯三岁而聘、五岁而朝。"则晋文霸时改制，《春秋》有其文也。《王制》："比年一小聘，三年一大聘，五年一朝。"郑注："晋文霸时所制也。"是礼家又有其义也。以《齐语》观之，则管仲所陈，又无一非为齐桓改制。则齐、晋之制，桓、文之霸制，非王制也。齐人作内政而寓军令，则制国以为二十一乡，工商之乡六，士农之乡十五，公帅十一乡，高子帅五乡，国子帅五乡，参国为三军。《管子·小匡》《国语·齐语》并如此说。《春秋繁露·爵国篇》："公侯大国四军，其一军以奉公家也。"则《公羊》之说，全符《齐语》，管仲所制也。《穀梁》："天子六师，诸侯一军。"此鲁说也。《周官》："大国三军，次国二军，小国一军。"此晋作三军以后之说耶！韩之战，晋于是作州兵、作爰田，而爰田、州兵同于《周官》，则《周官》不得为晋惠以前书也。于晚周亦惟西门豹治邺见爰田之法，则州兵、爰田，固晋之遗制也。齐之制，万人为一军，周官之制，万二千五百人为一军，《白虎通》以二千五百人为师，师为一军，此鲁学之制也。则桓、文之制，迥与鲁殊。管仲曰："公欲定卒伍，修甲兵，大国亦将修之，而小国设备，则难以速得志也。"则齐之作内政寓军令，管仲之阴谋也。而《周官》又何独非卒伍定乎内、军政成乎郊，故何休以《周官》为"六国阴谋之书"。井研先生以今学统乎王，古学帅乎霸，齐、鲁为今学，燕、赵为古学，详究论之，赵魏三晋为古学，三晋为晋文霸制，齐学为齐桓霸制也。

司马迁言："司马氏世典周史，惠、襄之间，司马氏去周适晋。"《说苑·权谋》："晋太史屠余见晋国之乱，以其图法归周。"《左氏》昭十五年传："孙伯黡司晋之典籍，以为大政。"昭二十九年传孔子亦责："晋国以将守唐叔之所受法度，以经纬其民，卿大夫以序守之。"皆见图法典籍之备存于晋，非徒以贾逵之学、汲冢之书，断三晋以旧法之史为学也。子犯以民未知礼，于是大蒐于被庐，以示之礼，作执秩以正其官。随会聘于周，归乃讲聚三代之典礼，修执秩以为晋法。知尊史者无逾于晋，邹、鲁则不然。周室班爵禄，孟子以其详不可得闻，诸侯去其籍，知东方图史之久坠，孔子亦以夏、殷之礼杞、宋无征，为文献不足。而《荀子·荣辱》言："循法则度量刑辟图籍，不知其义，谨守其数，慎不敢损益也。父子相传以持王公，是故三代虽亡，治法犹存，是官人百吏之所以取禄秩也。"知北方图籍完存，不似东方之坠绝也。《春秋》二百四十二年之间，亡国五十二，此东方鲁人之所传也。韩非所称，则齐桓公并国三十，楚庄王并国二十六，晋献公并国十七、服国三十八，秦穆公并国二十，此北方三晋所传之史也。孟子言："诛纣伐奄灭国五十。"而《逸周书》言："武王伐纣，凡憝国九十有九，服国六百五十有二。"周公东征，"凡所征熊盈族十有七国，俘维九邑"。详略相差，何止倍蓰。他若《荀子》称："齐桓公并国三十五。"李斯言："秦穆公并国二十。"《荀子》又言："周公立七十一国，姬姓独居五十三。"韩非说："舜时国之不服者十三，禹时国之不服者三十三，汤时国之不服者五十三。"斯并北方所传，而无闻于东方者，则三晋之史视齐鲁为备可知。史迁言："诸侯相兼，史记放绝，秦烧《诗》《书》，诸侯史记尤甚，史官非《秦纪》皆杂烧之。"马融说："秦政酷烈，与《周官》相反，始皇特疾恶之，以故搜求焚烧之。"独悉史记晋学也，《周官》晋书也。是三晋之学，秦人所深斥者也。《封禅书》："始皇东巡郡县，于是征从齐、鲁之儒生博士七十人，至乎泰山下。"是秦人之所尊者，齐、鲁之学也。秦有《诗》《书》博士，此鲁学也，有百家语博士，此齐学也，此其所召文学方术士也，又召方士以求奇药。在汉亦齐、鲁诸儒与方士并进。今文之学，合齐、鲁学而成者也，古文学据三晋学而立者也。今古学门户虽成立于汉，然齐、鲁以并进而渐合，晋学以独排而别行，则始于秦。言今、言古，终秦汉以后事，皆无当于晚周之旨也。

　　《管子》言："卫国之教，危（诡）傅以利，鲁国之教，好迩而训于礼，楚国之教，巧文以利。"（自卫灭于狄迁河南，而河内殷虚更入于晋，则晋固有卫之故虚。）《管子》盖深知东方之学，与南北之各殊也。《邹阳传》："王生言：邹、鲁守经学，齐、楚多辨知，韩、魏时有奇节。"则下及于汉，三方风习犹殊。三晋以史学为正宗，鲁人以经学为正宗，若楚人之学，则屈、宋以来，自以辞赋为正宗也。道家者流盛于南方，儒学自盛于邹、鲁，而商君、申、韩之徒，并是北人，是法家者北方之学也。东方儒、墨之学虽不同，而法先王、尚文学、重仁义、崇《诗》《书》，以不忍人为本则同。而北方法家、南方道家之说，则黜文学、杀《诗》《书》、轻仁义、法后王、贵己而贱人，此皆其文化同异之大较也。蒙作《古史甄微》，究北人之史也，作《天问本事》，究南人之史也，迥与六经乖违，此三方各有其史也。蒙谷负离次之典，逃于云梦之中，"昭王反郢，五官失法，蒙谷献典，五官得法。"则离次之典者，五官之典。《左氏》昭七年传："楚文王作仆区之法。"或即此五官之法。晋有被庐之法，作执秩以正其官。楚有离次之典，仆区之法一，此三方之各有其礼也。齐人之学，尚与鲁近，而晋、楚乃绝异也。此秦、汉之并取齐、鲁，而独排他方者耶？《韩非·显学》以儒分为八、墨分为三，伍君非百以东方之墨、秦之墨、南方之墨为三墨。然以孟、荀书考之，儒亦分三，《非十二子》言子张氏之贱儒、子夏氏之贱儒、子游氏之贱儒，即孟子所谓子夏、子游、子张皆有圣人之一体者也。是孔学初分，孟、荀所见，只此三派。子张居陈，为南方之儒，子夏居西河，为北方之儒，子游盖即东方之儒。儒初亦只分三，《韩非》所谓分八，战国末年事也。是东方儒墨之学，传之南北，亦遂分途，莫不受地域之影响。盖齐以稷下，而孔学盛于齐，魏以文侯，而孔学盛于晋，自邹、鲁而外，重学者惟齐魏耳，他国皆否。故楚人之孔学，终无闻焉。惟持晋、楚之学以窥邹、鲁，于孔氏学又辨其齐、晋，则于众家学术异同之故，自显然也。

文字第十

上古文字，种类实多，仓颉作书以迄五帝三王之世，改易殊体，七十二代，靡有同焉，下至七国，田畴异晦，车途异轨，律令异法，衣冠异制，言语异声，文字异形。见晚周之际，尤复纷歧。下及于汉，存者有三，《史篇》为周时教学僮书，史籀之旧，文字之最远者也。小篆为李斯所奏同，当时之所遵用也。孔氏古文为壁中遗字，考论六艺者之宗也。籀为周人之书，篆为嬴秦之字，古文盖唯行于邹、鲁，其余悉就湮灭。八体、六技、缪篆中盖有其迹，后乃不少概见。鼎彝为西周之文，甲骨为殷商之制，壁中古文必为史籀后书，情可知也。《论语》曰"正名"，《中庸》曰"考文"，《说文》中所举孔子诸说，其即正名遗迹之可见者，许氏称"孔子古文"，盖正以示异于异代异国之语而名之也。《说苑·善说篇》曰："越人拥楫而歌，歌辞曰：'滥兮抃草滥予，昌枑泽予，昌州州，锘州焉乎，秦胥胥缦予乎，昭澶秦逾，渗惿随河湖。'鄂君子皙曰：吾不知越歌，子试为我楚歌之。于是乃召越译乃楚说之曰：'今夕何夕兮搴洲中流，今日何日兮得与王子同舟，蒙羞被好兮不訾诟耻，心几烦而不绝兮得知王子。山有木兮木有枝，心悦君兮君不知。'"此即楚、越异语殊文之证。《荀卿子》亦曰："居越而越，居楚而楚，居夏而夏。"《史记》称："由余能晋语。"亦晋、戎殊语之证。孟子称："一齐人傅之，众楚人咻之。"亦齐、楚殊语之证。异代殊语更可知。则孔氏古文不通于别国，惟邹、鲁之士能明之，决无疑也。

《汉志》：《孝经》家著录有《五经杂议》，此正后世目录五经总义门也，而其间有《尔雅》《小雅》《古今字》，自史籀至杜林别为小学家，与《尔雅》分流，甚为显著。盖《尔雅》为孔氏书，史籀为世所通用群书诂耳。王充言："《尔雅》之书，五经之训。"

郑玄说："《尔雅》者，孔子门人所作，以释六艺之言。"与《仓颉篇》等为闾里书师教学僮书，显然殊科，不相杂乱者也。《许书》称史籀为大篆，大篆者据小篆而言，盖凡前于小篆者悉谓之大篆，吕不韦书说仓颉作大篆，此皆秦人语也。言古文者复据今文而言，曰"古文读应《尔雅》，故解古今语而可知"（《艺文志》），此鲁人语也。故《尔雅·序篇》："《释故》《释言》，通古今之字。"张揖说："《释故》者，通古今之异语。"而《汉志》以《古今字》系之《尔雅》之末，张揖为《古今字诂》以释之，全书体制，颇同于卫宏古文官书，专以照比古今字。惟六艺《尔雅》之学，有今文、古文之辨，凡前乎今文者皆得古文之目，惟邹、鲁之儒有是说也。是大、小篆，古、今文本截然异流，下至汉、魏间尚深知其说。盖自扬雄、杜林、班固、贾鲂、许慎之流著书，而大小篆、古今文之说渐淆而不可理也。

卫恒言："魏初传古文者出邯郸淳，并善《仓雅》、许氏《字指》，卫瓘写淳《尚书》以示淳而淳不别。正始中，立三字石经，转失淳法。"以《四体书势》之说考之，淳之所传正壁中书也。《隋书·经籍志》："晋世秘府所存有古文《尚书》经文，今无有传者。"《尚书正义》引束皙云："盘庚将治亳殷，孔子壁中书作将始宅殷。"则淳之所写及正始立石，壁书尚存，犹得据之。唐制：凡书学石经三体书限三年，是六经古文，分写固众。陆元朗云："今宋、齐旧本，及徐、李等《音》，所有古字，盖亦无几。"即江式所称古今音注是也。知石经之外，汉、魏师师旧写，众本犹多。故韩愈尚得科斗《孝经》、卫宏官书，逮宋之世，尤有所考，并是六经之支与流裔。夏竦、郭忠恕所著录，与洛阳发见残石，正可相发，足征文之非诬。辑比其字，孔氏古文，可得十六七，保残守缺，不犹愈于徒守许书以正六籍之文乎？至卦爻为伏羲之字，结绳为神农之字，刻木为黄帝之字，则《古史甄微》已言之也，若三字石经之详，亦别有考述之。

——原载1930年9、10月《史学杂志》第二卷第三、四、五期，题为《经学抉原处违论》；后由上海商务印书馆于1933年2月出版，题为《经学抉原》

孔氏古文说

《百官公卿表》云："博士，秦官，掌通古今，员多至数十人。"武帝建元五年，初置五经博士。案《史记·循吏传》称：公仪休"鲁博士"。《汉书·贾山传》称：山"祖父祛，故魏王时博士弟子"。则博士之官当不始秦。盖鲁为孔子宗国，而子夏之徒多显于魏，二国特尊孔氏之业，设官司之。迄秦，伏生为秦博士。是皆以传经为业而掌通古今者也。

始皇以三十四年焚书，三十五年以卢生故，大怒曰："吾前收天下书不中用者尽去之，悉召文学方术士甚众，欲以兴太平"云云，"乃自除犯禁者四百六十余人皆坑之"。扶苏谏曰："诸生皆诵法孔子。"案始皇所坑乃当时策士舞文弄法，非即前日之所召。焚孔子之书而召孔子之徒，必不然也。盖焚其不中用者而定一尊于六经，所坑亦策士，非真儒。

焚书后一年，卢生犹称博士七十人备员弗用。

三十六年，又使博士为仙真人诗。陈涉之起，博士进说者三十余人。叔孙通以文学征，待诏博士。盖即始皇所谓悉召文学方术之士、扶苏所谓诵法孔子之徒，于时亦厕身其间。则秦不过坑伪儒之犯禁者，知博士之官固未尝废，而孔氏之业本未尝绝也。

《儒林传》言：陈涉之王也，孔甲为涉博士。《叔孙通传》：通为高帝博士。《孔子世家》：孔鲋弟子襄为孝惠博士。申公、韩婴、贾生为孝文博士。辕固、董仲舒、胡毋生为孝景博士。博士之传不绝，则博士之经不残可知也。

《艺文志》言：刘向以中古文校欧阳、大小夏侯三家经文，以中古文《易经》校施、孟、梁丘经，则古文即经也。司马迁书所称"古文"（《五帝本纪》）、"孔氏古文"（《仲尼弟子列传》）、"《春秋》古文"（《吴太伯世家》）、"《诗》《书》古文"（《封禅书》），《汉书·刘向传》所称"上方精于《诗》《书》，观古文"，皆谓孔氏六经也。许叔重所云"孔子书六经，左丘明述《春秋传》，皆以古文"是也。

刘子骏言："外则有太常、太史、博士之藏，内则有延阁、广内、秘室之府。"《史记·自序》云："百年之间，天下遗文古事靡不毕集太史公。"则汉兴大收篇籍者，其书毕集太史公，博士所执，毕集太常（太常掌博士），皆所谓外书，新集之民间者。其所谓中书、中秘书、中古文者，盖汉家所固有、萧何收之于秦者。

《艺文志》：刘向以中古文《易经》校施、孟、梁丘经，或脱去"无咎悔亡"，唯费氏经与古文同。又称刘向以中古文校欧阳、大小夏侯三家经文，《酒诰》脱简一，《召诰》脱简二云云。《儒林传》：张霸以能百两篇征，以中书校之非是（中书即中古文）。夫中古文者，先秦之旧籍；先秦之旧籍犹存，则孔氏之经不缺可知也。而汉人立一经之学，征一家之书，必考信于古文博士之经。有脱简，无亡篇，则博士之经未始有缺也。

《艺文志》不列中古文各经之目，特于说中考见之。然凡学官之所立，必考信于古文，则六经皆古文也，以其与博士之本同，故不别著。

武帝建元五年，初置五经博士。宣帝黄龙元年，稍增员至十二人。而列于博士者，《诗》有齐、鲁、韩，《书》有欧阳、大小夏侯，《礼》有大小戴、庆，《易》有施、孟、梁丘（京氏，元帝所立），《春秋》有公羊、穀梁，凡十四家，则所谓列于学官者，非必家置一人以相承继也，盖十二员中以此数家更迭相代为之。五经之学，有专经，无专师也。故鲁、韩之《诗》立于孝文，齐《诗》立于孝景，此三家者已相间立学。而孝宣之际，张长安、薛广德同受鲁《诗》于王式，并时以博士论石渠。欧阳地余、林尊并传欧阳《尚书》，亦均以博士论石渠。则一家之学并时有二博士。是知学官所列，不限家法。各家之目，后人追述而言耳。以当时多属诸家故也。非必国家立学有如宪典，必取之于诸家。故刘歆移书太常博士与班氏《儒林传赞》《艺文志》《孝宣本纪》所称者各自乖异。即东京之十四博士，亦追述之辞，如《礼》无庆氏，董均则以庆《礼》为博士，《书》无古文，而杨伦、周防以《古文尚书》为博士，且出于十四家之外也。

甘露中，召五经诸儒杂论同异于石渠阁，而《艺文志》《论语》家有《议奏》十八篇（《石渠论》），则《论语》亦与五经同论于石渠，虽不列于学官，而杂传于博士。蔡邕正定五经文字，亦有《论语》。盖凡传五经者，多兼通《论语》。

《仲尼弟子列传》云："论言弟子籍出孔氏古文近是。余以弟子名姓文字悉取《论语》弟子问，并次为篇。"是《论语》亦得称孔氏古文。

古文者，佐书既行以前文字之通称。籀书者，讽书引书之义，而非文字之别体。故汉儒注书但言某为某之古文，而无言籀篆者，盖文虽一种，而其体不能不渐次变易以趋简，或又取繁茂，非一人之力所能改创。略发数证以明之：（一）古篆有展转相从者，如𩁿、隋之古文𦈚、𠂤，从诗、信之篆文省，此足见文字无古先篆后之别，特字有孳生体有更革耳。（二）古、籀、篆各有数体。⿰为古文奇字"人"，⿰为籀文"墙"，从二禾，亦从二来。而"杀"一字至有四古文。篆则有通人以为某、某书以为某、或从某、俗从某，其类益烦，此足见文体之迁革虽别为籀、古、篆各体，亦不能限于一形。（三）籀、篆有差错互见者，石鼓文"车马"不作⿰⿰而用篆体，秦量文则作⿰而用籀体，足见体制参错，无一定之分别。并可征石鼓之刻不同于史籀，秦皇之刻复别于小篆，则籀不自周、篆不自秦也。

《史记》不言秦作小篆，《艺文志》云："汉兴，闾里书师合《苍颉》《爰历》《博学》三篇，断六十字为一章，凡五十五章，并为《苍颉篇》。"又云："《苍颉》多古字，俗师失其读。"夫既出于闾里、行于俗师，则李、赵之篇其为佐书审矣。佐书者，古文一体之递变，非秦所能创作也。

刘子校经，必征古文，太常立学，考信中书，则博士之经同符孔籀者矣。略依《班志》是正篇目，六经次第，征诸《史记》，参稽石渠，爰傅《论语》，考还博士之旧，肇复古文：

《诗》二十八卷　《汉志》：二十八卷，鲁、齐、韩三家。《毛诗》作三十卷。案国风不分什，则颂不分可知也，《周颂》三篇宜合为一。

《书》二十八卷　《汉志》：二十九卷，大、小夏侯二家。欧阳经三十二卷。案刘歆云："《泰誓》后得，博士集而读之。"则伏生所传固无此篇。

《礼》十七卷　《汉志》：七十篇，后氏、戴氏。案刘敞云：七十字倒，当作十七。各篇第次略依大戴。

《易》十二卷　《汉志》：十二篇，施、孟、梁丘三家。案师古云：上、下及十翼，故称十二篇。

《春秋》十一卷　《汉志》：十一卷，公羊、穀梁二家。案唐石经庄公下附闵公是也。

《论语》二十卷　《汉志》：齐二十二篇，鲁二十篇。案古亦无齐所长二篇，宜从鲁。

——原载1915年第8期《国学荟编》

议蜀学

清代经术之明，称轶前世，乾、嘉之间，家研许、郑氏书，博名物，穷训诂，造述之宏，不可遍计而周数也。迄乎近世，特识之士，始喟然慨清儒之无成，独赞古音之学，实能于散漫繁惑之中明其统理，斯为足尚，则清学之穷矣。夫清儒序论，每喜以小辨相高，不务守大体，碎辞害义，野言乱德，究历数，穷地望，卑卑于章句文字之末，于一经之大纲宏旨或昧焉。虽矜言师法，又未能明于条贯，晓其义例，求其能若惠氏、张氏之于《易》，孔氏、庄氏之于《春秋》，金氏、凌氏之于《礼》者，殆不可数数觏，则清学之敝，为不可讳也。道穷则变，逮其晚季，而浮丽之论张，儒者侈谈百家之言，于孔氏之术稍疏，经术至是虽欲不改弦而更张之，诚不可得。井研廖先生崛起斯时，乃一屏碎末支离之学不屑究，发愤于《春秋》，遂得悟于礼制，《今古学考》成，而昔人说经异同之故纷纭而不决者，至是平分江河，若示诸掌，汉师家法，秩然不紊。盖其识卓，其断审，视刘、宋以降游谈而不知其要者，固偶乎其有辨也。故其书初出，论者比之亭林顾氏之于古音，潜丘阎氏之于《古文尚书》，为三大发明。于是廖氏之学，自为一宗，立异前哲，岸然以独树而自雄也。盖三百年间之经术，其本在小学，其要在声韵，其详在名物，其道最适于《诗》《书》，其源则导自顾氏者也。廖氏之学，其要在《礼经》，其精在《春秋》，不循昔贤之旧轨，其于顾氏，固各张其帜以相抗者也。世之儒者矜言许、郑氏学，然徒守《说文》《礼注》耳。廖氏本《五经异义》以考两汉师说，剖析今、古家法，皎如列星，此独非许、郑之学乎？今、古之学既明，则孙、曹、胡、黄之礼书为可废，此左庵先生《周官古注集疏》之所由作也。然不有乾嘉诸儒之披荆榛、寻旧诂以导乎先路，则虽有廖氏无所致其功。惟廖氏之学既明，则后之学者可以出幽谷、迁乔木，于择术诚不可不审也。寻廖氏之学，则能周知后郑之殊乎贾、马，而贾、马之别乎刘歆，刘歆之别乎董、伏、二戴，汉儒说经分合同异之故，可得而言，左庵先生其最也，斯岂乾嘉老硕所及知乎？左庵四世传《左氏》之学，及既入蜀，朝夕共廖氏讨校，专究心于《白虎通义》《五经异义》之书，北游燕、晋，晚成《周官古注集疏》《礼经旧说考略》，曰："二书之成，古学庶有根柢，不可以动摇也。"左庵之于廖氏，倪所谓尽弃其学而学焉者耶！其尊推廖氏也，曰："贯彻汉师经例，自魏、晋以来，未之有也。"则海内最能知廖氏学者，宜莫过于左庵。今世纷纷言今、古学，而左庵礼疏全帙未显，则古学可得而言乎？廖氏欲作《王制义证》，康更生欲作《孔子会典》，又皆不成，则今学可得而言乎？昧者不察，乃拘牵于文字异同之故以立论，斯亦游谈梦呓已尔，岂足道哉？廖氏成《今古学考》，遂欲集多士之力，述十八经注疏，以成蜀学。夫伊洛当道丧学绝之后，独能明洙泗之道，绍孟学之统，以召天下，蜀人尚持其文章杂漫之学，以与朔、洛并驱。自顾氏以迄于今，其道已敝，吴、越巨儒，复已悔其大失，则蜀中之士，独不思阐其乡老之术，以济道术之穷乎？是则承学之士，所宜熟思而慎择者也。

　　然吾之所以钦夫廖氏，匪曰《礼经》焉耳，而尤乐闻其论《春秋》。三传异同，为学者所难明，由来旧矣，廖氏匡何、范、杜、服之注以阐传义，复推《公》《穀》之文，孰为先师之故义，孰为后师之演说，本之于经以折中三传之违异。盖自五家并驰以来，言《春秋》固未有盛于此日者也。汉儒窜于师法，是谓知传而不知经，宋儒于传犹有所未喻，则经于何有？清儒之高者，或能发明汉师之说，是谓知注，下者视六艺犹《说文》《汉书》已尔，何足道哉？惟先生本注以通传，则执传以匡注，由传以明经，则依经以诀传。左庵称廖氏长于《春秋》，善说礼制，吾谓廖氏之说礼，诚魏晋以来未之有也，至其考论《春秋》，则秦汉而下，无其偶也。七十子丧而大道乖，《穀梁》属传当尸子、孝公之世，盖自子夏之殁，徒人各安其意，以离其真，而《春秋》晦。先生起数千载之下，独探其微绪、申其本义，不眩惑于三家之成言，谓廖氏之言《春秋》，仅次游、夏而已可也，则亦司马、北宫之俦乎！六国而后，未易比拟。呜呼！亦已伟矣。

近者先生方讲论《诗》《易》于锦城，阐其六变之说，盖其道益以幼眇难知，而愚方滞渝中，未得闻其旨要，不敢论，以俟面聆天人六译之绪者，赞而辨之。

——原载1925年12月《甲寅周刊》第一卷第二十一期

廖季平先生传

谱注：先生姓廖氏，名平，字季平，初名登廷，字旭陔，四川井研县人，生于前清咸丰壬子，卒于民国纪元二十一年，年八十有一。以清光绪己丑成进士，考选知县不赴，历任蜀龙安、绥定府教授，尊经书院襄校，嘉定九峰书院、资州艺风书院、安岳凤山书院山长，国学专门学校校长。初号四益，继改四译，晚号六译。子八，孙宗泽能世其学。

清之朴学，盛于吴皖，而常州一派多奇瑰。庄氏（存与）以《公羊》，张氏（惠言）以虞、郑、荀氏之《易》，孙氏（星衍）以伏生、司马、马、郑之《书》，洪氏（亮吉）以贾、服之《左氏》，钩微述绝，发扬幽隐。而庄氏之徒，刘氏（逢禄）、宋氏（翔凤）喜张皇劭公之义，以遍说群经，自夸今文学，不能究洞经旨，稍稍与常州诸老异。惟能以浮丽不根之词动人耳目，若谓常州之学尽于刘、宋，而今文之义悉在

《公羊》，是胥言者之过也。暨乎湘之魏氏（源）、浙之龚氏（自珍），益言无检束，不可收拾，而皆自托于今文。凡诸杂书小记，无不采摭，书无汉宋，惟意所便，于汉师家法破坏无余，则又出刘、宋下。独闽之陈寿祺、乔枞父子，句容之陈立，甄辑经说，义例谨严，不以诡词异论高自标诩，翻以不得附于今文之列，学术末流之弊，固至是耶？湘潭王氏（闿运），以词坛宗盟，而好说经自喜，治《公羊》何氏学。廖师出于王氏之门，说经之根实深宏若过之。其孤怀远意虽在《春秋》，而判析今古门户则在礼制。本之二陈绪论，诚不屑意于刘、宋、龚、魏之伦，条例精密，实远迈常州先哲，而奇纵超绝，殆又过之。汉儒以《礼经》多而《春秋》烦杂，故孟卿不以教子。廖师通贯二经，以明二千年不传之学，义据通深，度越一世，香象渡河，众流截断，于是先生之学巍然雄视百代矣。

蜀经明季丧乱，学术衰颓，晚清南皮张文襄公之洞来督学政，始以纪、阮之学为号召。时先生弱冠，应童子试，文襄得先生试卷，大奇之，遂成秀才，以高才生调入尊经书院。盖先生以犿犬义释《论语》狂狷之文，蜀士旧无知许氏《说文》者，独先生偶得之败簏中而好之，以故为文襄所嗟异。故先生后亦为《六书旧义》，申班氏四象说，以扶许义，有由然也。及既沉浸经术，好通大义，遂不乐为名物训诂之事，不复言此。文通初从先生学时，好读段玉裁氏书，先生詈之曰："郝、邵、桂、王之书，枉汝一生有余，何曾能解秦汉人一二句，读《说文》三月，粗足用可也。"盖既识其大者，遂不复措意其小者如此。先生既入尊经书院，适湘绮来任山长，湘绮言《春秋》以《公羊》，而先生治《穀梁》，专谨与湘绮稍异，其能自辟蹊径，不入于常州之流者，殆亦在是。《穀梁》释经最密，先生用力于《穀梁》最深，著《穀梁古义疏》《释范》《起起废疾》，依传之例以决范、何、郑氏之违失，而杜后来无穷之辩，植基坚厚。旋复移之以治《公羊》《左氏》，皆迎刃自解。于《公羊》有《何氏解诂三十论》《公羊补证》，于《左氏》有《左氏古经说》《杜注辨正》，其弹正杜、何，亦如范氏，盖于传例精澈，自不苟依违于注下也。于《左氏》，依杜预以《左》说《左》之法，而但纠其违戾，不取贾、服，以其兼采《公》《穀》，有败乱家法之嫌。最后为《三传折衷》，更依经以决三传之得失而精于取舍。于《公》《穀》二传中，复析其孰为先师之旧义，孰为后师所推衍，其决荡藩篱，推验经旨，颇似宋人，惟宋人精于传例者寡，多臆说肤论无足取。其黠者虽曰尽弃三传，而实阴取《公》《穀》以排《左氏》耳，又岂尽弃三传之谓哉？视先生既解三传再决从违者，迥不相侔。汉师往往株守一师之言以自饰，于《公羊》又别为颜、严之类实多。于是经之本义益失，说益歧而不可问，宏通之与拘固，识小识大，其道亦殊。谓先生之于《春秋》，超越汉宋直接洙泗，不为夸污。彼区区以训诂名物言经学者末矣。同门皮向荣，初治《左氏》，先生问之曰："昔之治《左氏》者，或治经，或治传，鲜能兼通，吾子治经乎，抑治传乎？"皮初大骇，继乃释然。先生之所谓经学，与乾嘉以来所谓经学，若此其相径庭也。

先生以治《穀梁》之说，悟《王制》为鲁学之宗，析礼制、文句二事以言《春秋》，如车之两轮。复论《王制》为十四博士之宗，与古学以《周官》为主者各异趣。先生之说能风靡一代者，盖在于是。清代自宋于庭以来，大张今学之帜，然于今古之界畔不能辨，于是以三世诸义滥及群经，视前世区区欲以文字辨今古学者诚殊，而其不知根荄则一也。以立学官与否为辨，则更肤浅不足道。近世崔觯甫主今文，则斥《穀梁》为古文，江慎中治《穀梁》，亦以《穀梁》为古学，此劭公所谓诚可闵笑者耶！先生依许、郑《五经异义》以明今古之辨在礼制，而归纳于《王制》《周官》，以《王制》《穀梁》鲁学为今学正宗，平分江河，若示诸掌，千载之惑，一旦冰解。先生《春秋》造诣之微，人不易知，由《春秋》而得悟于礼制者，遂不胫而走天下。皮氏（锡瑞）、康氏（有为）、章氏（炳麟）、刘氏（师培）胥循此轨以造说，虽宗今宗古之见有殊，而今古之分在礼，则皆决于先生之说也。盖先生之前，陈卓人疏《公羊春秋》，旋见《白虎通义》所言符于《公羊》之义，遂先疏《白虎通》，而未见及《王制》也。俞荫甫见《王制》与《公羊》同，遂以为《春秋》家所谓素王之义，而未知《王制》之可统十四博士也。陈寿祺疏《五经异义》，又辑《三家诗遗说考》，其子乔枞继之，又辑《今文尚书遗说考》，为言今文学者之矩矱，而未及知《异义》所陈今文师说之毕符于《王制》，为今文中心之所在也。寿祺弟子林昌彝为《三礼通释》二百八十卷，甄录汉师经说最备，视徐乾学、秦蕙田书之太半取之史传者，精已过之；视林乔荫、黄以周书之拘于宋法者，博亦过之。然终不能推本许、郑《异义》以识今古学之径途，斯皆未达一间。先生最喜称陈氏书以教人，独能由《异义》之说以合于《王制》，《今古学考》遂由许、郑书以上溯《王制》《穀梁》，以为今学正宗，以与《周官》抗行，而今古之辨明。先生所道许、郑之学，与乾嘉以来所谓许、郑之学，于是辨也。试更端言之，自惠士奇为《礼说》，陈硕甫疏《毛诗》，而金鹗、邹汉勋之流于说礼皆喜排后郑，务取周秦之文，立为奇说，然义无统宗，终不足以胜后郑。自先生今古之学明，以说礼混乱家法罪邹、郑，期复两汉师说之旧规，坦然明白，无恢诡僻隐之言，大义皎然，以上嘲王子雍之攻郑而未得其道，而孙诒让、胡培翚、黄、林之俦说礼一依郑法者，不能不失其据。三百年来之学，于是若整裘挈领，各有旨归。穷则变，变则通，清儒之学将穷，先生可谓能通之者也。二千年来之积惑，欲启之而未能者，先生一旦昭然揭之，虽曰天纵之才，要亦由前贤之累积所能致，若为山九仞，而收功者固一篑也。于是一时言今文者，莫不宗先生，而言古文亦取先生之论以诏古文。余杭章氏、仪征刘氏最为古学大师，而章氏于《左氏》主于依杜以绝二传，符于先生之意，然于礼犹依违于孙、黄之宗郑；刘氏为《礼经旧说考略》及《周官古注集疏》以易郑注，符于先生说礼，而于《春秋》犹守贾、服，衡以先生之论，则章、刘于古学家法犹未能尽，翻不若先生论古学之精且严也。

　　自先生今古之辨明，天下盖莫之能易，然六经儒家之学，何由而有二派之殊，则人各异论，先生固亦屡变其说而莫可定，然终以《王制》《周官》为之主，则未始有异，则先生之说虽变，而谓之不变亦可。左庵先生于《西汉周官师说考》以古学为西周之制，而《王制》为东周之制，于《明堂考》则又隐说今古为丰镐、雒邑之殊。康、章以降，虽于今、古各有是非，所论不同，而言今古之所以同异，则未始不一，继今以往，虽数百年之后，要亦是非奴主之见莫由齐，而于异同所在终无以易，是可知也。视前世儒者始终不明今古所由殊者为有辨，此先生之为学术划分时代之人，不可诬也。先生于《今古学考》以今为改制，古为从周，古为孔子壮年之学，今则晚年素王之制，此一说也。继从宜宾陈昌之言，疑《周官》为刘歆伪书，而今学乃孔子嫡派，作《古学考》，此二说也。及寻诸《大戴》《管子》，与谓《删刘》之条，皆能符证，则斥为歆伪之论不可安，于是以今古为孔学大统与小统之殊，此三说也。三变之说虽殊，而皆以《王制》《周官》为统归，或主或奴，比诸刘、康之异论，则三变之说谓之不变可也。今之后言学者即百变亦可也，而今古之中心终不可移，斯又乌得为变哉。先生三变而后，于《中庸》言诚言道之文，别启《中庸》天学、《大学》人学之论，此四变也。又以象形文字，古之所无，为始自孔氏，此五变也。暮岁病风痹，喜医术，以《素问》所言五运六气为孔门《诗》《易》师说，此六变也。先生于术数方技之言，无不明晓，于医家言成书二十一种，堪舆言成书五种，多所创获，斥寸关尺诊之谬，主复古经诊法，详申三部九候，宜黄邱希明叹为绝学。先生以治医之故而移以说经，颇滋人疑，而孰知先生之有功医术，初不亚于经学，晚岁所获，固在医而不在经学也。

先生幼贫困，不能学。家故有茗肆，先生偶将壶浣客衣，遭诟怒，大耻之，欲从塾师读，力不能具束修，乃从沟浍间捕鱼三尾以进，师悦而教之。暮归，立檐前灯下借光以诵。入尊经书院，日食仅薄粥，而勤奋弗懈，不以穷达易虑，笃老犹精勤也。性纯孝，事太夫人愉色婉容，而御家严毅，子已成立，犹不免棰楚，侄辈见之亦股栗。与人固和易，讲说时杂诙谐，于及门弟子则时严词厉色以责之。自奉极薄，而周恤宗族不少吝。豪于饮，数十杯一举立尽，在国学学校时，每夜醉，辄笑语入诸生舍为说经，竟委曲，无误语。积书至万余卷，尝示文通《汉书》中事，于积帙中信手抽出，展卷三数翻，直指某行，同学侍立者皆惊愕。不措意于文，其说经之书，初谓之《经话》，如《今古学考》诸作，皆自《经话》中录出，遂成卷帙。所自著书，学人有持以问者，见辄改。数十年中著书百余种，早年所定稿，亦时以晚说入之，数行之间，每有同异。刊定旧稿，于说之已变者时存而不改，曰以存入门之迹，故读其书、听其言，不易得其一是之说。晚年来学者，悉诏以小大天人之说，语汪洋不可涯涘，闻者惊异，则益为奇语以嘲之，非沉思不易得其根荄，故世鲜能明其旨要之所在。著书百四十余种，有稿未刻者尚二十许种。名溢海外，毁誉亦参焉，先生不以为意。尝谓治经如蚁穿九曲，吾遇盘根错节，沉思每忘寝食，豁然有会，顿化腐朽为神奇，不笑不足以为道。世盖有疑之者，而亦未尝不震其精深也。

刘申叔每谓先生"长于《春秋》，善说礼制，其洞澈汉师经例，魏晋以来，未之有也"。求廖氏之学，当以刘说为是。廖师之精特在三传，由《春秋》而发悟于礼制。然说《春秋》缜密，而说礼则略，粗举纲维以示界畔，固未尝缕析以论也。其言《春秋》，旨意邃密，不易索解，世罕明之，而说礼以能剖千年之聚讼，故礼说尤大行于世。六变之论皆由礼启，然变者枝末，不变者其根实也。并世学者从其不变者而屡变之，言人人殊，先生亦屡变不一定，乃不善学者即先生之变以求之，遂迷冈莫从钻仰。先生弟子遍蜀中，惟三台陆海香初治《周官》，洞明汉义，亦不废先生晚年之说。成都曾宇康尔康治《左氏》，宗贾、服，略与先生殊。崇庆彭举云生、巴县向承周宗鲁，亦从闻其绪论，而皆自成其学。文通并时同学知之较悉者惟此数君。犍为李源澄俊卿，于及门中为最少，精熟先生三传之学，亦解言礼，淳安邵瑞彭次公见而叹曰：李生年少而学如百尺之塔，仰之不见其际；丹徒柳翼谋与论学，称其能传师门之义；余杭章太炎见其文善之，延至苏州，为说《春秋》义于国学讲习会，俊卿守先生说以论章氏，人或言之太炎，太炎不以为忤。太炎谓闻人言廖氏学，及读其书不同，与其徒人论又不同，殆正谓俊卿也。世俗所言，与深入廖氏学者所言，固区以别也。太炎殁，无锡唐蔚之复延之讲经于国学专修学校，能明廖师之义而宏其传者，俊卿其人也。文通昧瞀，于先生之学仅涉其篱，不能究洞奥旨。俊卿谓文通曰："廖师精卓宏深，才实天纵，惟为时代所限，囿于旧闻，故不免尊孔过甚，千溪百壑皆欲纳之孔氏；又当时海禁初开，欧美学术之移植中土者疏浅且薄，不足以副先生之采获，先生虽乐资之为说，而终不能于先生之学大有所裨。使先生之生晚二十年，获时代之助予，将益精实绝伦也。"文通愕然不知所答，足传廖氏之学者，倘在俊卿也。

——原载1939年5月31日《新四川月刊》第一卷第一期

井研廖师与汉代今古文学

　　言汉学而不知今古文之别者，不足以语汉学；言今古文而不知归本礼制者，不足以语今古文。自清代考据学兴，搜佚文，寻旧诂，事密而功巨，然家法、条例迄未明，县之以汉儒治经之法，已偬然远矣，则未足以言汉学。二三浮丽之士，侈谈今文，而究无辨于两家之分野及其统归，则亦未足以言今文。诵贾马、守许郑者踵接肩摩，而师法之不明，则亦未能知古学。盖明训故名物之匪难，通类例条贯乃为难耳。《易》之京、孟，《春秋》之贾、服，一经之义，一家之言，盖有能知之者，然持孟、京固不足以贯十二家之今文（西汉只十二家，今人动言十四家，乃东汉事也），习贾、服尤不足以辨今古之界域。既统纪之不立，游谈而无根，今古之体且不明，则孟、京、贾、服之端绪亦未易言也。井研廖师，长于《春秋》，善说礼制，一屏琐末之事不屑究，而独探其大源，确定今古两学之辨，在乎所主制度之差，以《王制》为纲，而今文各家之说悉有统宗，以《周官》为纲，而古文各家莫不同符。其有出入参差，正足以考其流变离合之故，于是两汉今古之学平分江河，若示诸掌。今古之中心已明，然后两汉之学始可得而理。则廖师之后而后有今文，皮鹿门究其绪矣；廖师之后而后有古文，左庵师（刘申叔）明其变矣。今古学之重光，实自廖师，亦即两汉学之明自廖师，廖师实为近代推明今古学之大匠矣。余前以吴君雨生之嘱，为论《近代今文学与井研廖师》，既详之矣，又以缪君赞虞之嘱，而为《廖季平师与清代汉学》，又详之矣。然皆以廖师之学与近代师儒絜短长，而未及汉代之今古学，惟详言廖师为推明今古学之首功，而未阐明廖师中年以后言学则又转以破毁今古学之意也。夫今古学，两汉之事也，不明今古则不足以知两汉之学，然而两汉之事固不足持之以语先秦。推两汉学之本，更溯源于先秦则可，墨守汉人之学以囿先秦则不可。廖师以渊微卓绝之识，博厚深宏之学，既已辨析两汉之学也，而上溯其源若犹未合，此固廖师之欲罢不能者。今古两家礼制不同，壁垒斯异，此事之昭著而两汉已然之实也。苟进而上求其源，经学胡因而成此今古两家，其说礼制又胡因而致今古之参错，初则以为孔子晚年、初年之说不同也，说不安，则又以为孔氏之学与刘歆之伪说不同也，而《大戴》《管子》乃有为古学作证者，则又以为大统、小统之异，《小戴》为小统，《大戴》为大统，欢然以为昔之说一林二虎，今之说若套杯之相成，此廖师说之累变而益幽眇者也。左庵师于此亦有二说：其以明堂有今古两说者，盖一为酆鄗之制，一为雒邑之制，其以疆里有今古两说之异者，一为西周疆里，一为东周疆里，皆欲究此两家不同之故。廖师既为大统、小统之说，遂以邹衍、《山经》《素问》之义，皆所以发明孔氏之书，极之于天人六变之旨，靡不肇端于兹。然其先后说明所以成今古学之故不同，而所说之今古学则未始有异。左庵亦然。廖师大小统以后之说，多推本于方技术数，援纬候、医学、阴阳家言以立义。淳安邵次公善律历阴阳纬候之术，能知廖师之学，推明廖师所本而知其得失，已别为文论述其事。廖师方技之学，武进顾惕生、宜黄邱晞明能知之。顾氏赞廖师医学复古之功，为三百年来卓然一大家，邱氏谓为自唐以来所未有，非金元四大家所能及。文通于师门术数方技之学愧未能通，将更请顾、邱两先生论之，兹篇阙焉不敢论，仅论其经术而止。

今古两学之重心为礼制，其要在《王制》与《周官》，以《周官》考古文家说而皆符，以《王制》考今文家说亦大体不异。《周官》与《王制》枝细之别已繁，而后人所认为大端之异，盖在设官而已。《王制》之说，以司马、司徒、司空三公为大纲，而《周官》则以冢宰、司徒、宗伯、司马、司寇、司空六卿为大纲，而自古设官之事必限于三公或六卿，抑止于三公或六卿欤，是未必然。考之《洪范》："三曰八政，四曰司空，五曰司徒，六曰司寇。"此通乎夏殷之制也。虢文公陈籍田之典曰："司空四之，司徒五之。"亦称司寇（司寇为士，而"蛮夷猾夏，责之司马"，则司寇职也，司寇与司马得互统）。虢文公所陈为夏制，《洪范》亦本于夏，而殷人箕子为周陈之，此夏殷之制重三公也。《绵》之诗曰："乃召司空，乃召司徒。"《牧誓》曰："司徒、司马、司空、亚旅。"此周之先世与武王克殷时制也。《立政》《梓材》亦言司徒、司马、司空，此作雒以后之制也。《立政》曰："古之人迪惟有夏，告教厥后曰：宅乃事，宅乃牧，宅乃准，兹惟后矣。谋面用丕训德，则乃宅人，兹乃三宅无义民。亦越成汤，乃用三有宅，克即宅。""周公曰：告嗣天子王矣。曰：王左右常伯、常任、准人，亦越文王、武王，立民长伯。立政：任人、准夫、牧作三事。"夏所谓"宅乃事"，常任也；而"牧"，常伯也；"准"，准人也。在夏商曰"三宅"，在周曰"三事"，于《诗》曰"择三有事"，曰"三事就绪"，曰"三事大夫"，即《立政》之任人、准夫、牧作三事，亦曰"天子之三吏"。《吕刑》曰："乃命三后，恤功于民，伯夷降典，折民惟刑；禹平水土，主名山川，稷降播种，农殖嘉谷，三后成功，惟殷于民。"《汤诰》曰："古禹、皋陶久劳于外，其有功于民，民乃有安。万民乃有居，后稷降播农殖百谷，三公咸有功于民，故后有立。"此亦殷周所述三后说也。于《酒诰》曰："若畴圻父，薄违农父，若保宏父定辟。"此亦司徒、司马、司空也。在昔为三后、三宅，殷末周初而三公之制遂确立，则三事、三宅固昔设官之主干也（此与金鹗说古以五官为主不同）。

《礼·昏义》言："古者天子立六官、三公、九卿、二十七大夫、八十一元士。"郑玄以为"似夏时制也"。《说苑·臣术篇》："伊尹曰：三公，所以参五事也；九卿，所以参三公也；大夫，所以参九卿也；列士，所以参大夫也。"则三公与五事、六官实不相悖。《左氏》昭二十九年传："蔡墨曰：五行之官是谓五官，实列受姓氏，封为上公，木正曰句芒，火正曰祝融，金正曰蓐收，水正曰玄冥，土正曰后土。"又曰："后土为社，稷为田正。"则此五官也而实六官。《左氏》文七年传郤缺说，《三朝记·四代篇》孔子说，并以"水火金木土谷为六府"，则五行而实六府，六官之即五事。《尚书大传》言："水火者，百姓之所饮食也；金木者，百姓之所兴作也；土者，万物之所资生也。"土正、田正，或并或否，并则五行，分则六府。三公而参五事，立六官而三公九卿，则三五相参也。何休言："古者诸侯有司徒、司空，上卿各一，下卿各二，司马事省，上下卿各一。"此正三卿五大夫之说，以三参五之义。崔灵恩言："司徒之下置小卿二人：一是小宰，一是小司徒；司空之下亦置二小卿：一是小司寇，一是小司空；司马之下惟置一小卿，小司马也。"天子三公参五事，当亦是例，三公与六官固不相悖也。自少昊、颛顼以来，五官六府重也。而三宅三公之起，本之三后，则实六府。《左氏》昭十七年传："郯子曰：少昊挚之立也，凤鸟适至，故为鸟师而鸟名：凤鸟氏，历正也；玄鸟氏，司分者也；伯赵氏，司至者也；青鸟氏，司启者也；丹鸟氏，司闭者也；祝鸠氏，司徒也；雎鸠氏，司马也；鸤鸠氏，司空也；爽鸠氏，司寇也；鹘鸠氏，司事也。五鸠，鸠民者也。五雉为五工正，利器用、正度量者也。九扈为九农正，扈民无淫者也。"颛顼五行之官："曰木正，曰火正，曰金正，曰水正，曰土正。"此沿于少昊之五鸠者也。颛顼有田正，此因于少昊之农正者也。而少昊有工正，颛顼宜亦有之。颛顼有"南正重司天以属神，火正黎司地以属民"。南正司天，此因于少昊之历正也，火正黎司地，则颛顼时黎为祝融，祝融为火正。倘五鸠之官又以火正为长以司地，以配历正之司天，犹禹之以司空而宅百揆，少昊以五鸟（从《汉书》）司天属神、五鸠司地属民，而别有五工正："曰鹇雉、鹬雉、翟雉、鹞雉、翚雉"，有九农正："曰春扈鸤鹉、夏扈窃玄、秋扈窃蓝、冬扈窃黄、棘扈窃丹、行扈唶唶、宵扈啧啧、桑扈窃脂、老扈鷃鷃。"则历正、工正、农正又并五雉而八；颛顼之官南正、田正亦并五正而七，则又安在五行、六府之官即限于五六乎？斯则三公而六官、五事而八政，不以五行之官而废田正、南正，又安在以三宅而悖六官！《曲礼》言："天子建天官先六大，曰大宰、大宗、大史、大祝、大士、大卜，典司六典。"此事神之官，同于少昊之历正五鸟、颛顼之南正司天者也。"天子之五官：曰司徒、司马、司空、司士、司寇，典司五众。"此同于少昊之五鸠、颛顼之五行官司民者也。"天子之六府：曰司土、司木、司水、司草、司器、司货，典司六职。"此同于少昊之农正、颛顼之田正者也。"天子之六工：土工、金工、石工、木工、兽工、草工，典制六材。"此同于少昊之工正者也。而《洪范》之"八政"、《尧典》之"九官"，以义言之，则上以通乎少昊、颛顼之官，下以通乎《曲礼》之说，由损益因革之迹，见五行之官固不尽括一代之制，又明乎言五不伤于八政、言三不伤于五事也。《王制》："大乐正、大司寇、市，三官以其成从质于天子，大司徒、大司马、大司空，斋戒受质。"此正《王制》三公参五事之实也。市卑不足齿列，则《王制》言三公而实五官，《昏义》言六官而即三公，其义又明也。

若《周官》之制，与西周不符，实为晚世之书。《王制》言："冢宰制国用，必于岁之杪，五谷皆入，然后制国用。"又曰："司会以岁之成质于天子，冢宰斋戒受质。大乐正、大司寇、市，三官以其成从质于天子，大司徒、大司马、大司空斋戒受质。百官各以其成质于三官，大司徒、大司马、大司空以百官之成质于天子，百官斋戒受质。然后休老劳农，成岁事，制国用。"夫百官之成质于天子，而三公实总百官，惟冢宰不总于三公，此天子之近臣也。冢宰之秩卑于三公，《王度记》曰："天子冢宰一人，爵禄如天子之大夫。"故冢宰恒与趣马、师氏、膳夫为列。《云汉》之诗曰："鞠哉庶正，疚哉冢宰，趣马、师氏、膳夫左右。"《十月之交》诗曰："皇甫卿士，番维司徒，家伯冢宰，仲允膳夫，聚子内史，蹶维趣马，楀维师氏。"则宣幽之世冢宰犹在司徒之下，与《王制》《王度》之说合。《常武》之诗曰："王命卿士，南仲太祖，太师皇甫。"合《十月之交》观之，则宣幽之世卿士最尊，执政权，而冢宰犹卑。《周语》言："荣夷公好专利，为厉王卿士。"《郑语》言："虢石父好谗谄，为幽王卿士。"《左氏》隐三年传言："郑武公、庄公为平王卿士，王贰于虢，郑伯怨王。"此自厉宣幽以来，皆卿士执政之证。郑伯亦卿士执政者也。隐之八年，虢公忌父"始作卿士于周"。桓之五年，"王夺郑伯政，郑伯不朝"。自隐之八年至桓之五年凡九年间，郑伯未夺政，尚为卿士，而虢公已为卿士，明厉幽以来皆卿士二人夹辅天子，位居太师、司徒之上。而隐之九年传言："宋公不王，郑伯为王左卿士，以王命讨之，伐宋。"郑伯为王左卿士，则虢公为右卿士可知。此尤卿士恒二人之确证。推西周言之，《书序》言："召公为保，周公为师，相成王为左右。"此周、召以二人辅政也。陕以东周公治之，陕以西召公治之。故《乐记》言："周公左，召公右。"周公既殁，命毕公保厘东郊，则毕公实继周公之任。于《顾命》曰："太保率西方诸侯入应门左，毕公率东方诸侯入应门右。"此召公、毕公之为二相也。虁之难，周公、召公相与和而修政，则自成康以来周皆以二相辅政，下至宣王之世亦然，不闻有一人辅政之制。而冢宰之秩尤卑，更无冢宰一人辅政之说，下及平、桓，皆无此制也。

《公羊》隐五年传："天子三公何？天子之相也。天子之相何以三？自陕而东周公主之，自陕而西召公主之，一相处乎内。"周、召为傅、保兼二伯，此所谓周公入为三公、出为二伯也。一相处内，自太师也。《顾命》："乃同召太保奭、芮伯、彤伯、毕公、卫侯、毛公。"召、毕率东西诸侯，以二伯兼三公；毛公称公，此一相处内，太师也。《节南山》之诗曰："尹氏太师，维周之氐，秉国之钧，天子是毗。"此太师之一相处内，周初则太公任之，实主兵。故《乐记》言："发扬蹈厉，太公之志也，武乱皆坐，周、召之治也。"《诗》亦言："惟师尚父，时惟鹰扬。"而宣王之世，"王命卿士"在先，"太师皇甫"在下，则卿士已居太师之上，则周初以三公辅政，东迁前后以二人辅政，冢宰一人辅政，其事又在后也。

《春秋》隐之元年："使宰咺来归惠公仲子之赗。"桓四年："天王使宰渠伯纠来聘。"于时郑、虢方为卿士执政，则宰之不为卿士可知。僖九年："公会宰周公于葵丘，王使宰孔赐齐侯胙。"《公羊传》曰："宰周公，天子之为政者也。"隐、桓之世，卿士为政，而宰居其下；僖之世，宰已跻卿士之列而为政。周之东迁，晋郑焉依，观于《左氏》隐六年周桓公之言，宣十二年随季子之言，《晋语》叔詹之言而可知。盖晋郑实夹辅平王，股肱周室，并为卿士。自晋之乱而"王贰于虢"，虢公忌父之作卿士，盖继晋侯之任。及"王夺郑伯政，郑伯不朝，王以诸侯伐郑，王为中军，虢公林父将右军，周公黑肩将左军"，知周公实继郑伯为左卿士。桓之十八年："王杀周公黑肩。"僖之五年："晋灭虢。"僖之九年而宰周公见于经。僖之二十四年："太叔以狄师伐周，获周公忌父。"僖之二十八年，朝王践土，"王子虎盟诸侯于王庭"。《国语》谓之太宰文公。则继宰周公、周公忌父为政者王子虎也。

僖之三十年："王使宰周公阅来聘。"继太宰王子虎为政者，又宰周公阅也。周自惠、襄以前，辅政者皆二人，而宰居卿士之下，不为崇官；惠、襄以后，宰以一人辅政，而司徒之属皆出其下也。《论语》言："君薨，百官总已听于冢宰三年。"则冢宰以司王闺之官、天子之近臣，于谅阴三年之间，代表天子总揆百官。僖之九年，周襄王之元年也，于时虢公已灭（僖五年灭），卿士缺焉，宰孔以冢宰当襄王谅阴之际而为政，谅阴之后，盖遂沿而不废，以供卿士之职。践土之会为襄王之二十年，而王子虎以太宰为卿士。襄王之二十二年，宰周公阅亦以宰为政。总襄王之世，皆宰为政，自宰孔而王子虎，而周公阅，冢宰之跻于卿士以为政自此始，遂开冢宰一人辅政之端。西周之初，三公执政则三人，厉、宣以来则卿士执政为二人，自襄王始而冢宰以大夫执政为一人，冢宰遂跻于卿士之列矣。《周官》以冢宰卿一人，股肱天子，其制当自宰孔以后。则《周官》一书为襄王以后之制，前此之执政者皆左右卿士，而此则冢宰也。古者五行之官并田正为六府，而《周官》以冢宰并五官为六官。古者火正黎司地以属民，祝融而总五官，禹以司空宅百揆，皆以五官而兼大录，至周三公执政、卿士执政、冢宰执政，由公而卿而大夫，皆非以五行之官宅百揆，此周制之异，而天地四时之名尤前所未闻也。

至《王制》殆又为西周之制。《王制》书成六国之后，晚于《周官》，而所叙之制则先于《周官》。箕子陈《洪范》，虢文公说籍田，皆称司空、司徒、司寇，不言司马，此夏、殷之制。《泰誓》《牧誓》《梓材》皆言司徒、司马、司空，不言司寇，此周制，而司寇摄于司马也（说见前）。《王制》以司徒、司马、司空为三公，而乐正、司寇次之，此周制而非殷制（不得如郑玄说）。《王制》"冢宰制国用"，直系之天子，无与于三官，合于《十月之交》《云汉》之诗，异于《周官》之制。则《王制》固西周之制，虽成书晚于《周官》，而所叙之制先于《周官》也。《王制》三官，并司寇、乐正皆称大，此三公而实五官。《左氏》成二年传曰："王使委于三吏。"杜注："三公也。"（通于郑说）则惠、襄以后迄于定王，三公之制如故。周之三公与五官不相悖，与虞之九官而三后、夏殷六府而三宅，其事一同。三公而实五官，五官而实别有历正、农正、工正，则六府亦未足以尽一王之制。若《考工记》一书，合于《曲礼》言"天子之六工"，同于少昊之"五雉为五工正"，知《考工记》乃工正之书也，以之补司空之书者妄也。是昧于五官之外犹有农正、工正之职也。既知三公而参五事，六官而三公九卿，三五之制既通，《王制》《周官》之因革既显，则周之典章可以知其故。《周官》《王制》既相通而不相妨，则必执

《周官》《王制》各为今古壁垒以相争，而欲今古两家之说各以通于一切，执一端以遍说群经者，汉师今古学家之陋也。廖师既成《今古学考》，知汉师今古两学之中心为《王制》《周官》二书，实足以统两派之学，则已洞悉汉人之学而得其要，故左庵师称其"洞彻汉师经例，魏晋以来未之有"。然汉师家法固若是，而周秦传记参差犹多，实非区区今古家法所能统括而各得其所。刘歆言："往者《书》有欧阳，《春秋》公羊，《易》则施、孟，孝宣皇帝犹复广立穀梁《春秋》、梁丘《易》、大小夏侯《尚书》，义虽相反，犹并置之。"则孝宣以前所立之学，与孝宣新立之学，虽同为今文，而义已相反，则今文一家之中已自有异同，此甘露中之所以论五经同异于石渠也。范升言："费、《左》二学，而多反异。"此古文之学不同于今文，诚无足怪。升又言："如令《左氏》、费氏得置博士，高氏、驺、夹，五经奇异，并复求立。"则驺、夹、高氏又异于费、《左》，若曰"五经奇异，并复求立"，则两汉传经之学，奇说孔多，奚止四派，岂区区今古两宗所能尽括？专就《公羊》《穀梁》两传而论，说礼已各不同，皆不能尽合于《王制》。俞荫甫说《王制》同于《公羊》，廖师说《王制》同于《穀梁》，皆各持一端之义也，于是廖师于今文一家之学立齐、鲁两派以处之。古文一家所据之经，奇说尤众，则别之为《周官》

派、《左传》派、《国语》派、《孝经》派以处之。而总之曰今文为齐鲁之学，古文为燕（当作梁）赵之学。此廖师于汉儒家法既明之后，又进而上穷其源，于是立齐、鲁、燕、赵以处之，别《公羊》《穀梁》《左传》《周官》为数宗，此廖师之欲因两汉而上溯源于周秦，其度越魏晋以来之学既远，而启后学用力之端亦伟矣。刘师于判今古之分界与廖师同，遂而究齐鲁之学亦与廖师同，于是石城江慎中、象山陈伯弢亦为文论齐鲁学，皆所以召学者之应从两汉而上探周秦、由今古而溯之齐鲁，求周秦学术之家法，以易两汉学术之家法，此固廖师之伟志也。

今古之学殆起于汉师之争立学官，后起者必别据一说以易前帜，各持门户之见，而学术分域遂坚不可破。然不特今古之学非周秦之学，即两汉齐鲁之学亦非晚周齐鲁之旧。就历史之义观测言明之，今古之学全以《王制》《周官》为宗，然《王制》《周官》既为二周先后不同之制度，则持《王制》《周官》以读先秦之书，自不能尽合，而依《王制》《周官》以立之今古学，欲持之以衡先秦之学，其势自扦格而难通，其不能括周人之学而得其条贯宜也。殆晚周之学自有晚周之流别，而非可依两汉学术之流别以求也。晚周所传佚礼，既参差零落难求，廖师昔尝命文通曰："五德之运以子承母，故说少昊为黄帝之子，实则五帝各传十余世，各数百千年，各代疆域四至迥殊，固非一家祖孙父子也。"命文通详考论之。文通求其说十余年，因作《古史甄微》，就晚周人所传史说求之，于五帝尧舜之故，见其异义孔多，仿佛晋之《乘》、楚之《梼杌》、鲁之《春秋》，似各有鸿沟不可紊者。复就五胜五帝之说，求其迁革同异之故，而晚周学术流变若有可寻。今古家说，失之已远，即汉人齐、鲁学，亦远非晚周齐鲁之旧。而后知廖师诲诱后进其意之深也。盖孔子之书惟曰："质胜文则野，文胜质则史，文质彬彬，然后君子。"于《表记》推文质而及史，惟曰："虞夏之质，殷周之文。"复曰："虞质夏文，殷质周文。"此文质再而复之说。故《礼记》恒言四代，《春秋》亦言四王。春秋之末，文质之说而已，无三正之说也。孟子以来战国之初，于是有三王之说，此正朔三而改之说，所谓夏尚忠、殷尚敬、周尚文，与文质再而改之说差也。于时以王为最尊，故齐、魏相王于徐州而战国之君皆称王。聚周秦之书不涉疑伪者而论之，孟子之时，惟言三王，荀卿以来，乃言五帝，《吕氏春秋》乃言三皇。惟战国之初止言三王，故六国皆称王；其后言五帝，而齐因之为东帝、秦为西帝，战国之末言三皇，而秦人因之称皇帝。政治之事实，正以学说为转移，益证三五之说为次第而起。自邹衍言五德之运从所不胜，故"虞土、夏木、殷金、周火"（《淮南·齐俗训》高诱注引），此五而复之说也，与文质、三正之说皆不同。自东方齐人五运之说起，而西方秦人作西畤祠白帝少昊，作密畤祠青帝、上畤祠黄帝、下畤祠炎帝，此《吕氏春秋·月令》一篇之所本，秦人之说固与秦人之祠同也。方秦时未备五畤之先，而晋之巫祠五帝，荀卿为赵之儒者言五帝，东方之人言五德终始，而西方言五帝，邹子、吕氏所述各不同，以东西之固殊途也。《孙子·行军篇》言："凡此四军之利，黄帝之所以胜四帝也。"则并黄帝同时为五帝，此又别为南方之五帝说。《荀子·非相》云："五帝之外无传人，非无贤人也，久故也。"而《成相》云："文武之道同伏羲。"知《荀子》所言五帝上并三皇。《大略篇》言："诰誓不及五帝，盟诅不及三王。"《非相》又云："五帝之中无传政，非无善政也，久故也，禹、汤有传政。"则《荀子》所言五帝下外三王，《吕氏》所言全同《荀子》。五德之说五而复，三正之说三而复，文质之说再而复。五德与三正之义不并行，则五帝与三王之说不两立，故邹子之说，下据三王，而《荀》《吕》则外三王而言五帝，东方之说与西方之说既殊，《吕》《荀》言异时五帝，与《孙子》言同时五帝又异。《吕氏》西少昊、北颛顼、中黄帝，《山海经》又以颛顼之国在南，西轩辕而东少昊，南方之说又异也。

及战国之末而三皇之说起，秦博士言："古者有天皇，有地皇，有泰皇。”《淮南子》言：“泰古二皇，得道之柄。”高注谓二皇为羲、农。于是《五帝德》《帝系姓》《尚书大传》并以黄帝、颛顼、帝喾、尧、舜为五帝，上外三皇。此三皇说既起以后之五帝说也。黄帝为五帝之本，不可以上跻三皇，故唯以羲、农入三皇，而三皇终阙其一，则或以遂人、以祝融、以女娲、以共工，乃疑而难定。羲、农既跻于三皇，则《月令》之五帝俄空焉，则以帝喾、尧、舜备之，或并少昊言之，而五帝有六人，或遂不言少昊。《荀》《吕》说五帝上并羲、农，此未有三皇说以前之五帝说，戴、伏上外羲、农，此既有三皇说以后之五帝说也。《书传》言：“维十有三祀，帝乃称王，入唐郊，犹以丹朱为尸。”是舜自称王不称帝，称帝则殁而臣子尊之，史氏述之，以配天之辞耳。而《尧典》言：“肆类于上帝。”于时天子无帝号，惟天称帝。《易》孟、京说：“《易》有君人五号：帝，天称，一也；王，美称，二也；天子，爵号，三也。”以王者配天而后有帝称，舜之得称帝，固臣子以之配天之说。及三皇说既起，舜亦跻于五帝之列，伏生既以燧人、羲、农为三皇，以黄帝、颛顼、帝喾、尧、舜为五帝，马迁以降并用之，既非《荀》《吕》之说，尤远于邹子之义。董仲舒更谓：“汤受命而王，应天变夏作殷号，时正白统，亲夏、故虞、绌唐，谓之帝尧，以神农为赤帝。周人之王，亲殷、故夏、绌虞，而号舜曰帝舜，改号轩辕，谓之黄帝，尚推神农以为九皇。"以为"圣王生则称天子，崩迁则存为三王，绌灭则为五帝，下至附庸，绌为九皇，下极其为民。"郑司农注小宗伯云："三皇、五帝、九皇、六十四民。"伏生以降说三皇、五帝、三王，而董子言九皇、六十四民。两汉今古文家并用伏生说，伏之义：皇、帝、王，其人为固定；董之义：王、帝、皇、民，为以次推迁。初则文质、三正、五德，皆推迁说，继则五帝、三皇为固定说。至东汉而燧人、伏羲、神农之外，复有天、地、人三皇，与伏生之燧人为天皇、伏羲人皇、神农地皇之说又异。至魏晋而羲、农、黄帝为三皇，少昊、颛顼、帝喾、尧、舜为五帝，亦与两汉今古家殊。皇甫士安以"天皇大帝曜魄宝，地皇为天一，人皇为太乙"。《始学篇》又以"天皇号天灵"，徐整、任昉又取俗说有盘古，《古微书》复有"天皇姓望名获字子润，地皇姓鉴名岳字子元，人皇姓恺名湖洮字文生"。战国以前，春秋之末，孔氏之书言文质，言四代。战国之初，孟子之属言三王，本三统。而邹衍言五运，下据三王。战国中叶，荀卿之徒言五帝，下外三王而上兼三皇。战国之末，西汉之初，《吕览》、伏生之属上外三皇、下外三王而言五帝。董子之流又言九皇。至若羲、农外别有三皇，则为前后相复。刘歆踵《吕》、伏之义而谈三五相包，郑注《周礼》而三九相复，韦昭、张晏九皇不异三皇，而三九相杂。于五运一义，已见两汉之学远非周秦之学，周秦之学变易已多，派别亦众，岂今古两家之说所能括尽？即在两汉魏晋，亦异说时生，则徒执今古家法欲以明周秦之故，殆绝不可能也。不惟今古不足言周秦，即仲舒《公羊》之学所谓齐学也，以汉师齐学九皇之义，校之邹衍齐人五德之义，则汉之齐学非周之齐学也。鲁学家三皇五帝之说，既非孔子之文质说，又非孟子之三王说，则汉师之鲁学亦非周人之鲁学。邹衍言五运为五胜，向、歆言五运为五德相生，盖《月令》以五帝五行相比，已为相生之义，而向、歆取之耳。两汉师法不足以括周秦，而必别求周秦之法以说周秦，于此益断断明矣。

廖师承清代二百余年之汉学，推迹于礼制，而今古家法灿然以明，此廖师之突过前儒者。盖清儒矜许书、重文字，尝从文字以求今古文之辨，无当也；则又求之于义，稽之谶纬，以求今古之辨，而义无定实，其弊或以《公羊》一家一学傅之群经，亦未有当也。廖师折而求之礼，礼数明著，非可出入，故廖师稽之礼而今古家法得以重彰，持石渠、白虎之旧规以判析两汉，而今古之辨显。今世能知廖师者，概以此也，断以礼而得汉儒师法也。然廖师独造之学，尤在《春秋》，初盖专精于《春秋》，而后偶悟于礼制，故廖师之学，以礼言，则为守两汉之壁垒，俾今古不相淆；以《春秋》

言，则抉择于三传，明其孰为先师之本义，孰为后师所推衍，非复两汉今古所能囿。其守三传家法，以匡汉师之违失，此其置身炎汉，比肩江、董；至于会通三传，依经决义，取舍由心，固已直入周秦，接武游、夏，齐、鲁之坊已不能囿，更何有两汉今古家法之足守哉！早已轻视今古之界而思破坏之，以探周秦之室也。文通昔尝为文议蜀学，谓廖师之于《春秋》，本注以通传，则执传以匡注，由传以明经，则依经以诀传。左庵称廖氏长于《春秋》，善说礼制，吾谓廖师之说礼制，诚左庵所谓魏晋以来未之有，至其论《春秋》则秦汉而下无其偶也。盖其说礼固能明两汉之学，晓然于今古之辨，突过前儒；至若究明《春秋》，则已决荡周秦、弃置两汉今古学而不屑道也。然其发明两汉今古学之功人知之，其破弃今古直入周秦，人未有能知之者。夫廖师既明今古学之大纲，又进而剖析今古学之内容，则别今学为齐学、鲁学，此求之今学本身不得安，从其里而思破之也。剖析古学为《左氏》派、《周官》派等，此求之古学之本身不得安，亦从其里而思破之也。说今古为晚年、初年之学，为孔氏、刘歆之学，为小统、大统之学，此求之今古学之立场又不安，思从其表而破之也。取舍三传以言《春秋》，则上探晚周以下破两汉之今古学也。周秦之学一明，而两汉之壁垒顿破。廖师由礼以明两汉，人知之，困于礼则由《春秋》以明晚周而破两汉，人未之知也。

文通昔受今文之义于廖师，复受古文学于左庵刘师，抠衣侍席，略闻绪论，稍知汉学大端，及两师推本齐鲁上论周秦之意。自壬子、癸丑迄于癸亥，十年之间，寻绎两师之论，未得尽通，然廖师之论每以得刘师之疏疑释滞而益显。中困于匪窟，而作《经学导言》，略陈今古义之未可据，当别求之齐、鲁而寻其根，以扬师门之意。时左庵师已归道山，而廖师犹于病中作书欣许以诲勉之，不以稍异于己说为嫌。旋以寻绎师门五帝尧舜之训而作《古史甄微》，更为《天问本事》以辅之，乃觉周秦学术谅有三系之殊，复改定《经学导言》旧稿为《经学抉原处违论》，略陈汉师今古学之未谛，思以究宣师门弃两汉、宗周秦之微旨，师皆见之也。及再绎五运之训，而略见周秦之学复如彼其曲折，按古官之沿革，而又确知今古家各据《王制》《周官》以为宗者为可议。今古学之纲宗本可疑，故依之以成之今古学，持之以衡两汉固若网之在网，无往而不协；若持之以通周秦，则若凿之于枘无往而有当，无怪其然也。廖师之揭齐鲁以易今古之学而召后进，其义固确然不可易，而以五帝五运之说命文通，其训亦深微也。

文通既钻研师门之义，由礼数之故以求两汉之学、今古之事殆十年，始于《公》《穀》之异同见《王制》为杂取齐、鲁之书。《王制》之为齐、鲁糅合而成，亦犹郑康成之糅合今古两学，于是舍今古之异同而上求之齐、鲁。于是略窥师门舍两汉而探晚周之意。乃推晋之《乘》、楚之《梼杌》，以与鲁之《春秋》六艺相校难，乃见晚周学派仿佛若有三系之殊，而齐、鲁究为一家之学，大同而小异，齐则东方前期之学术，鲁则为东方后期新兴之学术，其为东方之学则一也。自《吕氏春秋》而东方与南北之学以合，《吕氏春秋》糅合三系，正犹《王制》之糅合齐、鲁。汉初之齐、鲁学虽导源于晚周之齐、鲁学，然流变已多，不可以汉初学当晚周学，况后齐、鲁而起之今古学哉！由师门破今古而探周秦之意以求之，迄今又十年也，犹备瞀无所晓，方将作《周秦民族与思想》一篇以究之，必待晚周之学明，非两汉所能淆，而后廖师之道可著。然非文通之力所能堪，更非此短说所能尽意。若兹编所陈，以明廖师论周秦、两汉学派为主，其所以分疏两汉之学而建立之，其详具在《六译馆丛书》中，不赘论；特论其不拘死于两汉而上溯周秦之意，欲宣其微旨而证其确实，若其直探洙泗、抗意周秦，精诣所萃则在《春秋》，当俟深明廖师《春秋》学者李君源澄（浚清）论之。廖师数术（阴阳）之精，俟邵次公先生论之，廖师方技（医学）之精，俟顾惕生先生论之。文通所陈，窥天一管耳，又乌足以宣其宏深幽眇之旨？

嗟乎！三百年来之学，以复古为前进，由宋而复之汉唐，由东汉而复之西汉，由西汉而复之周秦。廖师于礼，此所以复之西汉足以度越前贤者也；廖师于《春秋》，则已复之晚周，于两汉之说已不屑措意也。世犹纷纷执今古学以推崇之，或诎谤之，鸿飞冥冥，罗弋尚安所施？至其乱之以方技，杂之以数术，五光十色，学者眩震，将俟邵、顾诸君启论其途径，然后廖师之学庶有入处，而道术乃可大明也。

廖季平先生与清代汉学

　　汉史称郑玄之答何休，义据通深；李育以《公羊》义难贾逵，往返皆有理证。汉师著述之存于后者，亦义理与证据不偏废。于宋亦然。学至清世，然后有纯工考据之汉学，此学术之衰也。余年十五，从人家借《四库总目提要》《书目答问》读抄之，然后知学有汉、宋之殊，遂取《说文》及清两《经解》略事披阅，欣然以为循是足以为汉学也。年二十，从本师井研廖季平先生、仪征刘申叔先生问经学。廖师屡曰："两《经解》卷帙虽繁，但皆《五礼通考》《经籍籑诂》之子孙耳。"又言清代各经新疏及曩在江南见某氏未刊之某经正义稿，大要不能脱小学家窠臼。刘师则直谓："清代汉学未必即以汉儒治经之法治汉儒所治之经。"又言："前世为类书者（《御览》《类聚》之类），散群书于各类之中；清世为义疏者（正义之类），又散各类书于经句之下。"两师讪诋清代汉学若此。余初闻而骇之，不敢问，以为两《经解》尚不足以言经术、称汉学，舍是则经术也、汉学也，于何求之？亦竟不能揣测两师之意而想象其所谓。及年已三十，教学渝州，欲一览清末经术家言，稍搜各家书读之，始知考据之学无与于经术，称考据为汉学者陋矣。而两先生之言实卓识，为百世不易之论，固足启一世之惑而醒群蒙。

忆昔初见刘师，师诏之以初学治经，但宜读陈乔枞父子书；经术有家法、有条例，《诗》《书》者有家法、无条例，《易》《春秋》者有家法、有条例。廖师于陈氏书又抉择其冗而无关于大体者，于《春秋》又抉择其孰为后师据文推衍者。呜呼，廖师又宏远矣！世之言今、古学者攻讦如仇雠，惟刘师与廖师能相契。刘师之称廖师曰："洞彻汉师经例，魏晋以来未之有也。"惟就经例以穷汉学，故廖刘相得而益彰，舍经例而言汉学，争今古，由贤者视之，则蛙鸣又何辨乎公私！刘师推清世考据学风之起，以为始于明末之杨升庵、焦弱侯，杨、焦文章浮华之士，兼杂漫之学，其所述作，皆小说笔记之流，辞人獭祭之习而已。衍其风为朴学，人人以考据自矜，于是攻勘校、究金石，凡地望、天算、律吕、阴阳之侪，皆得号称汉学；其治经者，但能详名物、通训故，亦得号经师。故移说经之文以说《汉书》《文选》也可，移说《汉书》《文选》之文以说各经也亦可，经术之敝至此，则又何说哉！夫宋明性道义理之学即不必讲，而一经之条理义类顾可不讲耶！此江郑堂《汉学师承记》一书于戴东原有微辞者也。张惠言亦言："天下争为汉学，而异说往往而倡，学者以小辩相高，不务守大体，或求之章句文字之末，人人自以为许、郑，不可胜数也。"盖经术自经术，其要固有在也，汪中之流，固亦尝推崇东原戴氏也。盖前乎戴氏者，其治琐事谡闻，与经事相比，如惠氏笺《渔洋菁华录》之流，至戴氏而一革旧习，鄙唐宋以下事不屑言，悍然攻程朱之说而不顾，汉学之壁垒至东原而始固，此前世之所以推东原也。今之盛推东原者并此而不知，徒以俞氏著书拟于高邮王氏，由俞推王，由王推戴，顾曰戴长于断，余固不知言考据而不能断，两《经解》中不能断者将谁氏也？清世每惠、戴并称，惠言《易》宗虞，言《左氏》宗服，于《书》《礼》宗郑，能开家法之端者实惠氏；于虞《易》言消息，故通条例之学者亦始惠氏，虽后之通家法、明条例者或精于惠氏，而以惠、戴相较，则惠实为优。世之研骨化石者，得其半骼残骸，于以推测其全体，得他之片骨残骸，又以推测一全体，此家法条例之比也。苟萃众多不同世之化石于一室，割短续长，以成一具体备形之骸，虽至愚人亦不出此。不明家法，不究条例，萃古文于一篇，折群言而归一是，于此而言学在能断，余不知断从何起。事之可笑，孰过于斯！

清人言学，本辞人獭祭之习，或治小道末技，但缘《说文》以饰词，便可以称汉学、凌唐宋，虽或戛然大帙，无非碎辞小辨，即断而偶中，于大纲宏旨概乎未之有闻，两《经解》中累累皆是物也。廖、刘之学，求之清儒，于惠为近。故廖氏所为经疏，皆推经义，本其大纲，而贯其全体，不漫为征引，核名物训故以尘秽简牍。故其书之体制，求之清儒，已不相类。刘、廖之学本不同，能欢然晤谈一室而通神明于千里之外者，亦以究心经旨之故，倘所谓闻足音于空谷者乎！今日之言学者，其言愈繁，其事愈细，宜黄欧阳师尝笑之曰："此所谓日日能毕业之学，亦千年不能毕业之学也。"为其遗大而事小、置精而求粗也。内之则以廖、康、刘、王之说相矜，外之则托科学方法以震俗，又奉戴氏为之祝，呜呼，戴氏之鬼岂食是哉！余尝读译本西人《法住记及十六阿罗汉考》，深叹其一纵一横条理井然，其考证某种经典为小乘之何派，何派之学术在何世持何说，深有合于中国家法条例之说也，胡今之言科学方法者与之不类？汤锡予先生告余曰："西人之具此能力者但数人耳，余亦辨一枝一节之文字而已。"然后叹乎贤者识大，不贤识小，古今一揆，东西皆尔。命世之儒，固间世而或有。若廖师之剖析今古而示其指归，辨两汉师法而明其异同分合，俾世之学者不至欲萃多量不同世之骨化石以求成一备形之骸，此廖师之所以为魏晋以来所未有者也。循廖师之法而推致其义者，于今文则善化皮鹿门，于古文则仪征左庵师，若他之持不根之说以争今古之事者，固以谓蛙鸣无公私者乎！余于年三十以后，始觉左庵之学与廖师同归，其未入蜀前所著作，与入蜀后者不复类。及再游金陵，以问谢无量师，谢师与刘、廖亦同时居蜀讲席者，谢师为余言左庵所以问于廖师者，其事甚悉。左庵初本长于声均文字之学，世治《左氏》而守《说文》，其入蜀后，盛称廖师之长于《春秋》，善说礼制。礼制者，廖师所持以权衡家法、辨析汉师同异者也。左庵于时亦专以《五经异义》《白虎通义》为教学之规。出蜀后，成书皆《周官》《礼经》之属，左庵之渐渍于廖师，此其明验。廖师之学以左庵而亦张，左庵之殁，世无复知廖师者，余之肤学浅殖，又何敢赞其端末哉！

师原名登廷，后改名平，字季平，蜀之井研人。从湘潭王湘绮学，于清之光绪己丑科成进士，以即用知事改教官，历任尊经各书院山长。民国初年一任四川军政府枢密院长，又任四川国学专门学校校长。卒于民国二十一年五月，年八十有二。其行实著述之详，则师之孙宗泽字次山既叙之也。师晚年尤究心医术，六译丛书中言医学者又最多，余不能学，故亦不具论。

井研廖季平师与近代今文学

今古文之争，起于汉代，亦烈于汉代。清世经学，以汉学为徽帜，搜讨师说，寻研家法，遂亦不能不有今古文之辨。阮伯元称张惠言之治虞氏《易》、孔广森之治《公羊春秋》，为二千年来不传之绝学，盖各家之师法，至是而略明。然治《公羊》者亦治《周官》，治虞《易》者亦治《左氏》，庄存与、惠栋之流皆是，一经之义明，而各经相互间之关系尚未窥其全，是则所知者各家一隅之今文说，尚无综合各家以成整个之今文学派。刘逢禄之流，信《公羊》则并驳《左》《穀》，而《周官》亦为疑书，党伐之诤以起。宋于庭以十四博士为一家，至是而后有联合之今文派，与古文为仇，较为整个之今文学。然于今古两派立说异同，其中心所在，实未之知，徒以立学官与否为断，是则知表而仍不知其里。故在清末，尚有治《穀梁》之专家而谓《穀梁》为古学者，亦有治《公羊》以驳《穀梁》而亦谓《穀梁》为古学者，皆由以立学官为断之说蔽之也。论事而不知其本，则为已得门径而未臻堂室，刘、宋不足以言成熟之今文学。然其区分今古，对垒抗行，自此之后遂有整个之今文学，功实亦未可没。本师井研廖季平先生初治《穀梁》，有见于文句、礼制为治《春秋》两大纲，后乃知《穀梁》之说与《王制》相通，以为《王制》者孔氏删经自订一家之制、一王之法，与曲园俞氏之说出门合辙。然俞氏惟证之《春秋》，廖师则推之一切今文家说而皆准。又推明古文家立说悉用《周官》，《周官》之制，反于《王制》，求之《五经异义》《白虎通义》而义益显。又知郑康成遍注群经，兼取今古，而家法始乱。推阐至是，然后今古立说异同之所在乃以大明。以言两汉家学，若振裘之挈领，划若江河，皎若日星。故仪征刘左庵师称廖师为"长于《春秋》，善说礼制，洞彻汉师经例，自魏晋以来未之有也"。前乎廖师者，陈寿祺、乔枞父子，搜辑《今文尚书》《三家诗遗说》，而作《五经异义疏证》，陈立治《公羊春秋》，而作《白虎通义疏证》，皆究洞于师法，而知礼制为要，然大本未立，故仍多参差出入，廖师推本清代经术，常称二陈著论，渐别古今。廖师之今文学固出自王湘绮之门，然实接近二陈一派之今文学，实综合群言而建其枢极也。他若魏源、龚自珍之流，亦以今文之学自诩，然《诗、书古微》之作，固不必求之师说，究其家法，汉宋杂陈，又出以新奇臆说，徒以攻郑为事，究不知郑氏之学已今古并取，异郑不必即为今文。世复有以阿郑为事者，亦得古文家之名，鱼目混珠，彼此惟均。故龚、魏之学别为一派，别为伪今文学，去道已远。激其流者，皆依傍自附者之所为，固无当于今古文之事。故有见一隅而不窥全体之今文学，有知其大概而不得其重心之今文学，此皆未成熟之今文学，而又别有魏、龚一派漫无根荄之今文学。是汉代之今文学惟一，今世之今文学有二。至廖师而后今文之说乃大明，道以渐推而渐备，故廖师恒言：踵事增华，后来居上。然不有庄、张、刘、宋、二陈之启辟途径于前，虽廖师亦未易及此。而龚、魏以狂惑之说乱于前，扬其波者又淆之于后，致求今文者亦非，击今文者亦非，能远绍二陈、近取廖师以治今文者，近世经师唯皮鹿门一人而已。夫自三百年来，学者苦心孤诣，自宋而反诸唐，而魏晋，反诸东汉，而西汉，寸累铢积，然后仅有此渺焉之成绩，乃病狂者以不根之说乱之，此诚学术之至可痛心欤！

廖师既通《穀梁》，明达礼制，以《穀梁》《王制》为今文学正宗，而《周官》为古文学正宗，以《公羊》齐学为消息于今古学之间，就礼制以立言，此廖师学根荄之所在。于时变法之议起，潘、翁方当国，《公羊》之说大行，世之学者皆竞言改制。《穀梁》释经，义本密于《公羊》，故由《穀梁》而治《公羊》，其事至易。廖师以其余力说《公羊》，言《公羊》者悉未之逮，廖师遂以《公羊》名于世，凡知廖师者皆在《公羊》、不在《穀梁》。夫以礼说经者，汉师之家法，石渠、白虎之遗规，今古之大限；援经入纬者，汉学之旁枝，亦古今所同病，固非一家之过。由前之说，则《穀梁》鲁学为大宗，由后之学，则《公羊》齐学为巨擘。《公羊》多非常可喜之论，侈者乐焉，故其说易昌；言礼则朴实繁难，孟卿以礼经多而三传烦杂，不以教子，故使孟喜学《易》，故其道难明。清世言今学者皆主于《公羊》，遂以支庶而继大统，若言学脉，则固不如此。由《穀梁》以礼说今文者，鲁学之遗规，由《公羊》以纬说群经者，齐学之成法，此今文中二派对峙之主干。经学者固鲁人为嫡传，纬书者固齐学之大本，齐学且不必专言经，治经者其余事耳。自经学既盛，齐人亦起而说六典，遂以阴阳五行之论入之，其学自不必以经为主。况以何休之义言之，改制之说推本于王鲁，王鲁之说推本于隐公元年，以为诸侯不得有元年，鲁隐之有元年，实孔子王鲁之义，亦即改制之本。然《左氏》称惠之二十四年、惠之十八年，《晋语》自以献公以下纪年，诸侯之得改元，《春秋》著其实。《白虎通义》谓："天子改元，即事天地，诸侯改元，即事社稷。"则礼家断其义。安在隐公元年即是王鲁，而衍其说于改制？故改制者实不根之说，非经学之本义也。郑玄《起废疾》于岁则三田之说，以为孔子虚改其制而存其说于纬，则康成亦言改制，又安在改制独为今文之大义微言？由改制故言托古，改制之事不实，则托古之说难言。秦汉之间，齐人之学以阴阳五运之义与孔子之经合为一家，而六经有齐学。端门受命之说兴，孔子几于由人而变为神，儒家几于由哲学而变为宗教，犹释迦、耶稣然。今古文诸家持其说者有之，幸破其说者有之，而孔子乃得仍为人，此亦中国学术之一大事。由齐学者视之，则《公羊》、纬书为今文之正宗，而《穀梁》间居今古之间，故来以《公羊》遍说群经之讥（纬书虽盛于东汉，其说实导源于先秦）。廖师由《穀梁》而兼治《公羊》，故主于礼制而不废神运，实以鲁学而兼治齐学，其长在《春秋》、礼制，此刘左庵称之为魏晋以来所未有，于神运之说尚非所长。世之侈言《公羊》齐学者，则又不究于灾变之故，探五胜之原，尤不知其间各家异同分合之所在，甚无为也。纯就齐学而言，惟淳安邵次公（瑞彭）洞晓六历，于阴阳三五之故，穷源竟流，若示诸掌，自一行一人而外，魏晋及今，无与伦比，此固今世齐学一大师，而廖师实非齐学之巨擘。然邵氏实亦袭清儒之前功，而后有此创获，事亦与廖师同，夫学安有不百年积之而可一朝偶致者耶！由邵氏之说，则足以周知诸纬派别异同、源流先后之故，所系至大，可资之以处理秦汉各派之学说。齐学之为用若何不必言，而古有齐学，其根柢则若是，是以齐学言，则邵氏《齐诗钤》之作，其深合齐学家法，固优于廖师也。

廖师之学，既推本于礼制，礼文异数，实为今古学一大分限，视世之徒以文字辨今古文、以义理辨今古文者，虚实不侔也。惟礼既异数，学判今古，势必进而推明其致异之故。廖师初年之学，以为今文者孔子晚年之定论，邹鲁之士实闻之；古文者孔子初年之学，燕赵之士皆闻之；孔子初年之学主从周，远方之士闻而先归者传之，于后为古文学；晚年修《春秋》，则损益四代之制，自为一王之法，惟乡党之士闻之，于后为今文学。及既与南海康有为见于广州，康氏遂本廖师之《今古学考》《古学考》以作《新学伪经考》，本其《知圣篇》以作《孔子改制考》，康氏之学实以龚、魏为依归，而未穷廖师之柢蕴。梁启超谓康氏之学非自廖氏，而盛推龚、魏以及于南海，是为实录，知师固莫如弟子。惟《伪经》《改制》两考，不能谓非影响于廖师，特自有廖氏学，不得以康氏之言概廖氏学耳。廖师闻康氏以《左氏》《周官》诸古经皆刘歆所伪作，信而用之，遂有《周礼删刘》，此当廖师学之一变，是为康氏学之影响于廖氏。然刘歆胡能悉伪诸经，又胡为必悉伪诸经？王肃好贾、马之学而不好郑玄，所为经注，异于郑氏，虑不胜，然后有《孔子家语》《尚书孔传》之伪，有《论语》《孝经孔传》《孔丛子》之伪。汲冢出书而《纪年》《周书》皆被改窜，则伪之非一人一时所能为，所由作伪者又以郑、王两学相争之故，故书虽伪而义仍有据，事必有本，凡此作伪，皆南学之徒为之，实为王学而作伪。校郑、王两派异同，足知伪书之伪安在，其不伪者又安在。《纪年》《周书》伪而所据以作伪之材料不必伪，此辨伪者所宜知。其所改窜之书伪，而为其学者所自为书又不必伪，所本之学不必伪，伪与不伪之书辅而行，不伪者信用之，伪者前世之儒亦信用之，以事固有所出。故废则两废，行则两行。（李证纲先生言梁译《起信论》之伪由天台，唐译《起信论》之伪由贤首。有《起信论》之伪，而后有《释摩诃衍论》之伪，有《释摩诃衍论》之伪，而后有《占察经》之伪。原其始则先有中国道家之言，天台宗等依之欲自立据依，而伪论、伪经以起。）必皆先有伪书之学，而后有伪学之书，今刘歆胡为而作伪，又胡能一人而悉伪群经！古文之起在先，古学之成在后，则先有伪书而后有伪学，本末倒置。刘歆实为作伪而作伪，又能一手作伪而掩尽天下之目，此皆事之不可能者。后之扬其波者，徒言作伪而不言作伪者属于何学、果为何事，一书之间孰为伪、孰为不伪，遂欲以作伪二字抹杀古代之书。不知"孟子见梁惠王"，显非子舆之辞；"仲尼居，曾子侍"，尤非孔氏之笔。寻此例以言伪，则凡司马迁言"孟子退而与万章之徒作《孟子》七篇"，曾子作《孝经》诸说，其愚为不可及也。夫因改制之义，然后有托古之义，因王鲁之说，然后有改制之说，后则徒扬托古之波，而莫知改制所本。有一家之学，然后有一家伪作之书，后则徒激辨伪之流，而不知求学派所据，则康氏流毒所被，又康氏所不及料也。故伪经之说，世之明者，自莫之信。廖师于此久而不自安，复由《大戴》《管子》上证《周官》之非诬，则又易而为大统、小统之说，以今文为小统，孔子所以治中国方三千里之学也，以古文为大统，孔子所以理世界方三万里之学也。由《小戴》言小统，由《大戴》言大统，小统主《春秋》，大统主《尚书》《周礼》，推而致之，文字孔作也，《诗》《易》以治六合也，其道益以幽眇难知。既收《周礼》为孔书，则亦不废《左氏》《公羊》之外，兼治丘明。故廖师之学，《春秋》其大宗，礼制其骨干，及学益宏远，世之讥笑亦因之。惟仪征刘师独能知廖师之真，故称道逾恒。左庵四世以《左氏》世其家，方其作《王制集证》，犹不信有今古之分，及既接廖师，遂专治《五经异义》《白虎通义》，其作《白虎通定本》，辨析今古家法，极于毫芒。晚成《周官古注集疏》《礼经旧说考略》，遂专以礼为宗，其推明两汉说礼沿革，足以辅廖师之说。自廖师之学行，能知其柢蕴者一人而已。刘师进而推明今古文立说所由异、言礼不同之故，一则以为洛邑、镐京之制有殊，一则以为东周、西周之礼不一，义既难定，说亦不著，惟微词示意而已，不同于廖师之张大其辞。廖、刘两家立言不同，而推本于礼则一，其辨析今古文则一，惟其说明今古相异之故乃不同耳。要之，虞、夏、商、周，礼则异数，晋、楚、鲁、齐，制亦不同。春秋之世，国异政，家殊俗，分为七国，田畴异晦，律令异法。至于汉世，先代文献并存，百家之说犹在，故事不一揆。廖师过重视孔子，以为今古皆一家之言，故以为初年、晚年之异说，又以为大统、小统之殊科。刘氏过重视周室，以为皆一王之法，故说丰镐、洛邑之制不同，西周、东周之宜有别。其言今古文学立异之故不同，其所以辨今古文学则一。苟不寻其所言今古之实事，而徒事其说明所以为今古之虚言，则去道逾远。能知刘师、廖师为学之中心，则自知所以继刘师、廖师而研学之方指，先究其所言今古学之内容，再求其说明所以为今古学之得失，则庶乎近之。自廖师之说出，能寻其义以明今文者唯皮鹿门，能寻其义以言古文者唯刘申叔，他皆无与于此事。盖治经者有主于训诂，以《说文解字》《广韵》为本者为一派；主于微言，以纬候图谶为本者为一派；若廖、刘则主于礼制，以《白虎通义》《五经异义》为本，又自为一派。皆可依之以言今古文，非此一道为古文，而彼一道为今文也。至若不习古文而自谓能知今文，或不习今文而自谓能持古文，则非愚拙如余之所知也。

廖师之学，长于《春秋》，善说礼制，惟长于《春秋》，能遍通三传，既依何、范、服、杜之注以通

《公》《穀》《左氏》之书，三传既明，则又依传以正服、何、杜、范之失。既由三传以通《春秋》，《春秋》既明，则又依经以正三传之失。始则由注以明传，由传以明经，终则依经以正传，依传以正注。既为《穀梁古义疏》《公羊补证》《左氏古经说》以通三传之义，俾家法不乱；复为《三传折衷》，以求《春秋》之全，不为三传所蔽，不惮救三传之失。《穀梁》《释范》《公羊解诂三十论》《左传集解辨正》以申三传之本，不令为注家所乱，而救何、范、杜三家之失。凡《公羊》《穀梁》二传中，孰为先师之旧义，孰为后师所推衍，抉别精明，以究《春秋》之本。于《左氏》之外，复取《五行志》中释《春秋》者以当一家之学，并三传而为四，皆详审深通，自汉以来所未曾有。清代三百年来之学，主于考据，寻名物，求训诂，虽治经而无与于经。能通郑氏、虞氏之《易》，服氏、何氏之《春秋》，已未易觏。至论虞、郑之得失，三传之违合，则汉以来无此巨眼。唯善说礼制，依之以求汉师家法之变迁同异，故知居摄以前之古学仍以《王制》为主，以《王制》通《周官》，居摄以后，贾、马之徒，独宗《周官》而不复依傍《王制》。郑玄而下之古学，又以《周官》为主，而以《周官》通《王制》，则学术变合之故，了如指掌。故廖师于古学实以贾、马为说礼之正宗，刘歆、贾、服之说《左氏》，多牵引《公》

《穀》，唯杜氏《集解》独宗丘明，不复旁涉二传，故廖师实主杜氏为说《左氏》之正宗。盖郑玄之前，刘歆之后，言礼则今古之家法分明，而费《易》则取京、孟，《左氏》则取《公》《穀》，《毛诗》则取三家。于礼则家法分明，余经则今古家法淆混。郑氏以后，王弼专主于费《易》，王肃专主于《毛诗》，杜预专主于《左传》，余经之今古家法明，而礼之家法混，《周官》为主而《王制》为附庸。故二王、杜预南学之徒，未必遽逊于东汉之说。西汉今古之家法，礼与余经皆混，而古文为今文之附庸，故东汉之古学未必遽逊于西汉。唯廖师实能卓见古学之真，不惑于西汉、东汉之肤论。仪征刘左庵师深明廖师之学，唯笃于西汉古文学，其为《西汉周官师说考》《春秋左氏传略例》，皆意同于刘、贾，援今文以为说。凡于《诗》《书》，莫不皆然。其言西汉之师法则是，而古文之真又未必是。盖今古文家所依据周秦之经籍，一书有一书之面目与地位，汉师组合面目不同之书以为同一面目同一地位，是则为汉人之学，已非周秦之学。故西汉之末，古学初兴，壁垒未具，犹依附今文，桓谭、卫宏尚訾《左氏》，余更可知。唯左庵深明汉师经例，能知西汉家法，其言西汉古文学则是，而实抑古学为今学之附庸。故左庵能扬西汉学，而未必即张大古文学，廖师实真能张古学者也。章太炎虽未必专意说经，其于家法之故，实不逮左庵，然于《左传》主杜氏，于费《易》取王弼，以《周官》为孔子所未见之书，学虽逊于左庵，识实比于六译。夫《周官》自有其价值，岂以附于孔氏则重、不附于孔氏则轻！廖师说《春秋》上以辨周秦之嫌疑，至说礼则下足以决两汉之犹豫。于此固足以质先师而俟后世，今古说经之书汗牛车、充栋宇，义倘有几于此焉者耶！

自庄、刘以来之今文学，至于近代，大体已明。虽时有浮惑不根之说杂出于其间，然琼瑶之精固非砆砥所能紊。廖、刘两师既讲明今古学，然今古究两汉之学，未必即可持以说周秦之学，势不得不进而探索今古两学原始之学，于是廖、刘两师皆略事齐、鲁学之研讨。盖西汉初年只齐、鲁之争，齐、鲁合而后《王制》出，有今文。刘歆以来始有今古之争，而齐、鲁之争息。廖师以鲁学为今文大宗，齐学消息于今古之间，而燕赵为古学，以壁中书为鲁学、为今文。刘师以壁中书为鲁学，鲁学为古文，而齐学为今文。夫古学之名，依于壁书，则壁书自应属古学。然古学实以《周官》为宗，非以壁书为宗，《佚书》《佚礼》以绝无师说，故古学家莫之传，而《周官》岂有师说之传耶？是古学家之不传壁书，以壁书无系于古文学之根柢，古学徒以古文为名而不以之为实，《佚书》本出自鲁壁，自为鲁学，与《鲁诗》《穀梁》之类同为今学而非古学甚明。则壁中古书非古学，古学之立初不依于壁书。故《佚书》《佚礼》皆不传，别取《周官》以为宗，《周官》实无关于鲁壁，则古文自古文、古学自古学，古学无传壁书之实，徒假壁书之名，此廖师之说理实为优。寻名则壁书自属于古学，而刘师之说近是。究实则鲁学实为今文，而廖师之说为精。今古两家之分，在礼制之差，非徒以字文佚篇为别。故吴挚甫以为《古文尚书》出自壁中为古文，《今文尚书》亦出自壁中为古文；《今文尚书》以今文写定正经，孔安国以今文读之，亦以今文写定正经，今文家唯传二十九篇，古文家亦唯传二十九篇，则今古之殊异安在？善哉吴氏之论，盖古学之本实非以古文，而究别有在耳。刘师、廖师虽已进而谈齐、鲁学，然其说究未畅，汉之齐、鲁学即为晚周之齐、鲁学之本真无所变异耶，亦未之辨；齐、鲁之学即足以括尽晚周之学耶，亦未有说。夫《周官》为孔氏未见之书，丘明不在弟子之籍，《佚书》《佚礼》出鲁壁，当删余之经，《费易》《毛诗》出孔门，为民间之学，其本非一途，其说非一致，合群书为之说，建《周官》以为宗，而古学立。《公羊》、辕固本于齐，《穀梁》、申培出于鲁，邹、夹、韩婴其源又异，刺六经为《王制》，合殊科为今文。古学为源异而流合，今学亦源异而流合，欲并胡越为一家，贮冰炭于同器，自扞隔不可得通。苟知今古学实为汉人不合理强制组成之学，而剖析今古家所据之典籍，分别研讨，以求其真，则汉人今古学之藩篱立即动摇，而晚周学术派别之实庶乎可见，若徒究心于今古已成之后，而不思求之于今古未建之前，不寻其所依之籍，义匪一家，思所以决荡今古之藩篱，则徒有进而求齐、鲁学之意，而事则犹疏。故廖、刘以来，江慎中、郑东父虽言齐、鲁学，于上溯晚周之绪犹不过但启其端耳！然廖、刘之前，今古之真未见，故无由得求晚周之绪。至廖、刘而今古大明，上以结两汉之局，下以开晚周之端，然后可依之以求晚周之学，此正数百年来学术转变之一大界限。乃今之言学者，不思今古学决非坚固不可破坏之学派，而别求本始之学，不知今古徒为两汉之学，而当沿廖、刘、江、郑所明，以上求晚周之学，而喋喋于过去之陈言，以墨守此崩溃离析之学派，徒争今古学，而不知今古之自身早已成不一致之学，即学术中决无所谓今古学，尤不能持之以上概先秦，况于不探两汉今古文之内容而专事近代今古家之空说。究空说则今古若有坚固不破之界，寻实义则今古乃学术中之假名。寻廖、刘之说而推之，则廖、刘尚非谛说，此实前儒未竟之绪而必由之途。廖师之论清代经学，别之曰顺康派、雍乾派、嘉道派、咸同派，刘氏之论清代经学，则别之曰怀疑派、征实派、丛缀派、虚诬派，刘、廖之见有不同，故抑扬有异，谥名遂殊，然于内容之分析则无大异。清初之学在排宋明，继则进而排唐与六朝而宗汉，继则又进而辨东汉以上追西汉，而远溯周秦。学至廖师，两汉之家法已大明，其上溯周秦之意亦最急。由晚周之学论之，其降而西汉、而东汉、而魏晋、而唐、而宋，推而下之，以见学之变迁则如彼。由清儒复古之学观之，其由唐宋而魏晋，以进于东汉，而西汉，而周秦，推而上之则如此。审学术古今往复之情，则廖师所系于近代学术其重要之点自见。廖师晚年自谓为哲学、非经学，夫廖师之所以成一家之言，与所以发千载之绝绪者，本自不同，统观学脉，穷源而竟其流，则近世之学，孰为正宗，孰为旁支，孰为贤劳，孰为乱贼，于一人之言，孰为谛论，孰为余事，而后之人所以继往哲、学前功，其端又安在，自可了然。观乎自考据之兴以来，积数百年之岁月，劳千百人之心神，铢积寸累，所就者亦仅此一途，所启者仅此一端。奈何龚、魏以来，才智之士，自矜聪明，不究根实，漫为浮论，虽自附于今文，而不思今古究为不易之道否？假之以自饰其非，而乱前贤之实，是则诚可深忧痛惜者也。

——原载1932年8月15日《大公报·文学副刊》，后有重要增

改，再载于1933年7月《学衡》第七十九期

与陈斠玄先生论学书

斠玄先生左右：

　　近读《国学丛刊》第四期内大著《泰誓年月考》一篇，钦佩无已。说古文学而上探西汉、晚周之坠绪者，先师左庵既殁，其传在先生也。自宋于庭著书判析今古，而陈硕甫疏《毛诗》以应之，寻西京以前之佚说，不琐琐于后汉，故胡氏疏《礼经》不取其义。左庵当今学方张之后，由《汉书》明《周官》，由《史记》明《尚书》《左氏》，直寻师说于西京，撰《周官古注集疏》以正《孙氏正义》，殆亦犹陈之与胡乎。惜左庵之学，略启其端，而业多未竟。自左庵归道山，其道以微，今见大著，亦意在寻西京古文学，犹左庵之道也。忽闻足音于空谷，能无使人跫然而喜乎！《通讯》中与孙文益荞往复数书，疏证明确，然争论《礼》之本末，两贤之议，本无大差，不议亦可。独方士化之说，弟窃有疑焉。近代今文家说经，皆好取义于纬，方士与今文并为一谈久矣。左庵著论（《孔子不改制考》诸篇），亦复如是。然弟于斯则不能无言，以学不可苟同，苟同则道不明，故不嫌于辩析。亦不可以苟异，苟异则失其实。鲁恭云："学者传先师之言，非从己出，要得其是而已。"就《郊祀志》言，充尚等为神仙，而邹衍为阴阳，似不同，其后则颇难分辨。然窃窥斯篇之要，在明儒生与阴阳家，而不在明方士之与阴阳家也。尝考秦汉间，有经师之传统；有方士之传统；以经生而习阴阳家言者有之；以阴阳家而习经生家言者亦有之；而经生之与方士，终不可混也。夏侯始昌之徒传灾变之说，而各以授所贤弟子，此盖内学之号所由起。夫既曰授所贤弟子，是经则遍受弟子而灾变不以遍授。故仲舒著论，而吕步舒不知其师书，以为大愚。李寻独好《洪范》《五行》，同门之郑宽中则或不传《五行》也。翼奉好律历阴阳，同门之匡衡、萧望之则不必晓律历阴阳也。此则章句与灾变虽一师传之，而道究未尝混也。李守从刘歆学星历谶记，不必传经。杜子春、贾徽从刘歆受经，不必即学星历。贾逵以左氏证"帝宣"，论者且谓其改窜传文以合谶。郑玄注经，亦称秘说，不必因贾、郑而即谓古文学为方士化。今文家之反对灾变者亦有之，韩婴《外传》"雩而雨者何也"，明斥阴阳家言。征之《论衡》，其说即显斥仲舒，《包元太平经》李寻附之，而刘向、平当不以为可。欧阳《尚书》家之尹敏，又何尝不讥短谶书。要之：今古两家同有好内学者，不必内学即今文、今文即内学。孟喜得《易》家候阴阳灾变书，而梁丘贺疏通证明之。京房以延寿《易》即孟氏，而翟牧、白生不肯，皆曰非也。近代善化皮先生、石城江先生、余杭章先生皆不以梁丘施氏之学，并同孟京，盖可信也。再：今文家好附内学者，莫盛于《公羊》家，然其说不必根于《公羊传》。如王鲁之说，与《公羊》几不可二。然邵公据于经者，不过以诸侯不改元，《春秋》始隐公元年，即孔子王鲁。然斯说也，《公羊传》无之，证诸《白虎通》言"天子改元，即事天地，诸侯改元，即事社稷"，是礼许诸侯改元。《国语·晋语》皆纪晋之年，诸侯改元，于史有证，则邵公之义破矣，而于《公羊》无与也。非常异义可怪之论，皆在《繁露》而不在《公羊》，此亦灾变与经学不相混之一证也。况董生、邵公同《公羊》之学也，一言赤统，一言黑统。是则言《春秋》则同为《公羊》，而言内学则有别异。张苍以汉当水德，即黑统之义也。刘歆、刘向以汉当火德，则赤统之义也。是言内学则同，而言《春秋》则左、公、穀异也。贾谊亦传《左氏》，而说汉当土德，既异于张苍，复别于刘向，此尤可见经学为经学之传统，而灾变阴阳又自为其传统，初未尝淆《公羊》，且不以其传学者之故而遂入于灾变阴阳，他经更可知也。若以经学与阴阳同此一师而咎之，则《左氏》传于张苍，而苍实著《终始五德传》者也。若以其与阴阳并进而咎之，则汉武议封禅，又何尝不取《周官》哉？博士之官，自秦至汉文皆七十余人，有《诗》《书》博士，有百家语博士，有传记博士，其别则多。伏生、申公、辕固，此《诗》《书》博士也。羊子、黄公、卢敖、公孙臣，此百家语博士也。赵岐言："《论语》《孝经》《孟子》《尔雅》皆置博士。"刘歆言："虽诸子传说，犹广立学官，为置博士。"贾谊以通诸子百家之书，文帝召以为博士。明秦汉博士，自有百家语在其间。《本纪》言"非博士官所职，敢有藏《诗》《书》百家者"，其意尤明。不必疑秦汉博士之言涉阴阳，而谓阴阳之说为《诗》《书》博士之说也。弟疑董仲舒、夏侯始昌之于阴阳，正亦犹贾生、晁错之兼明申、商，主父偃之兼明纵横家言耳。井研廖氏今文而喜阴阳家言者也，《经话续篇》中亦尝论及灾变谶纬与经术离合之关系，管窥略如此。要之，近代今学好言内学，是其一短。汉代师儒亦往往如是。今学与内学终为两家，在今世言学，正当屏除阴阳，而一断于礼，为得其实。仲舒、始昌之学不可从，不可回护，回护则乱道。摘邵公之瑕义，则《公羊》庶乎其可明也。盖邵公所述者，往往在《赤伏符》等，为图谶之学，而非西京律历阴阳之学，阴阳之学原于晚周，而图谶之学起于中兴之前终章之徒。张衡言："夏侯胜、眭孟之徒以道术立名，其所著述无谶一言，刘向父子领校秘书，亦无谶录。成哀之后，乃始闻之。律历卦候九宫风角数有征效，世莫肯学，而竞称不占之书。"其判析图谶与灾变甚明。邵公承东平王苍之后，乃间以谶淆之《解诂》中，则其罪又在仲舒上也。西汉之学涉阴阳，而东汉之学涉图谶，譬诸草木，区以别矣。愚者一得，先生以为何如？然也，近代经学中之纠纷，或可释其一。非然者，尚望不以为卤莽，裁一尺之牍，进而教之。学问之道无好恶，所谓求其是而已，见猎心喜，聊复陈之，顺候铎安，不偭。

蒙文通敬上。三月十日。

——原载1924年《国学丛刊》第二卷第二期

与胡朴安论三体石经书

朴安先生左右：

　　旧读大著《诸子学略》，私钦其钩索各家义指而能策其要，校列各家同异而能撌其真，渊然雅然，在时贤述作中允为第一佳构，倾服无已。自分庸虚，深以无由请益为憾，然终冀有获承牖导之机，今傥其时耶！三字石经之争久矣，前闻王静庵、罗叔言于此皆有考论，惜都未睹其文。近于《华国》复见余杭章氏料订之词，而先生意旨则仅于《国学周刊》二十九期与于氏一书、三十三期一跋，观其梗概。不慧于此问题，诚无所发明，而窃有奉其謏闻从诸贤后之兴。适在金陵，得三字石经六纸，因作六文题之。意谓石经古文，非邯郸淳书，乃嵇康书也。《世说新语注》引嵇绍序曰："先君在太学，写石经古文。"《晋书·赵至传》亦有："至年十四，游太学，遇嵇康，学写石经。"正始立石，叔夜殆与于从事也。又谓三字石经，六籍具备，唐张参作《五经文字》，谓汉石经者即三体石经，于序足见之，而书中引石经《春秋》、石经《尚书》、石经《毛诗》，则三字石经显不限于《尚书》《春秋》二种。郭、夏两家所集六籍文字皆有石经，或皆六代逮唐诸儒从石经分写而出。《隋书·经籍志》：石经《尚书》九卷，石经《尚书》三卷，石经《春秋》三卷。《尚书》重出者，盖《毛诗》之误耶！更因此石之出，而各行字数可知，乃取苏望所刻八百余字，察经文，审碑势，排句比字而为之图，则故碑断烂之髣髴又略可睹，因客中无所得书，即《隶续》亦末由见，不能十分精密，考订遂惝然中辍也。然于石经《尚书》不能无疑者，敢以质诸高明而愿见教焉，则石经与博士之关系也。魏博士不可考，惟《晋书·职官志》云："晋初承魏制，置博士十九人，及江左初，减为九人。"盖九人即十九人中之旧在学官者。《荀崧传》言："江左中兴，简省博士，九人中有《尚书》郑氏，《古文尚书》孔氏。"九人中有孔氏《尚书》，即十九人中亦有孔氏《古文尚书》可知。况崧奏复云：故事太学有石经古文，先儒训典贾、马、郑、杜、孔、服、王、何、颜、尹之徒，章句传注众家之学，置博士十九人。是亦足征魏晋十九博士有孔氏《尚书》。设使当时学官所立，徒有壁中古文，而无安国之传，则郑氏之外，何必更立孔氏一家，则《古文尚书》孔氏，其为伪孔无疑。从丁俭卿说，《孔传》

之作为王子雍，则魏晋学官亦得有《孔传》，且《肃传》、王朗《易传》，并肃注各经，一时皆在校官。《刘子珪传论》言："子雍爱兴《圣证》、连用《家语》，以外戚之尊，多行晋代。"《孝经疏》盖引司马宣王奏《孝经》诸疏注以肃为长，是肃学以姻娅之故已尊于魏，则出于子雍之《尚书·孔传》宜得立于学官，而古文勒石非鲁壁之真审矣。使正始石经为《九共》《汩作》等之五十七篇，则旧书煌煌共见，彼伪作《孔传》者将何所售其欺？逮梅赜奏上，斯时石经存者当众，岂难校之非是。故谓正始石经，亦如马、郑注《书》止于二十九篇犹可，若以为所刻为《九共》《汩作》等五十七篇，则难释然也。《论语》伪《孔》，与《书传》一家之学也，何晏《集解》已引《孔训》，则《伪孔》之学已显于魏，尤可证信，夫何疑于《尚书》！司马昭于《家语》惟谓其非康成之所见而已。盖郑学之徒，于《圣证论》孙炎则驳而释之，张融则按经论诘，于《家语》《孔传》，固未尝一辨真伪，则《伪孔》之学，得刊于石经、立于博士，无不可也。博士、石经同据《伪孔》，则古文亦未必真壁中文字，魏初邯郸所传为真古文字否不可知，而正始石经依蝌蚪之文，遂效其形。故今碑文体势，大异姬周吉金，穷其形声，复多难晓，则石经果只足以增汗简之价值，不敢谓于文字有所发明也。《尚书》文字如是，《春秋》《毛诗》

之文字亦如是，六经之刻，非鲁壁故物，疑可定也。愚见如此，而未敢信，此一大事，非肤陋如不慧者所能审断，仰先生学精术博，乞一衡之，幸甚。又太炎云：朱氏劚药得石一，斫为二。又云：他碎石亦一散于公私。与易寅村又云：在厕牖中得一石，又于某寺某观复得二石。当时共得几石，文都若干，殊令人迷眩，及今不论，将以示后，斯亦大雅所当详也。

——原载上海国学研究社1924年9月《国学汇编》第二集

与章行严论疏经纂史书

在昔汉唐开国，规模宏远，方百度之更新，乃汲汲然求遗书，征旧老，考正经义，论纂史籍，诚以丧乱之余，简编坠失，耆德凋谢，非殷勤搜讨，将道散学绝，文献无征，非得已也。则有孔颖达、贾公彦、姚思廉、李百药之伦，领袖群儒，被命删述，网罗旧闻，考论故实，千载之下，欲寻汉晋师儒之绪论，六代治乱之所由者，靡不取资于是，其成功巨而嘉惠远，所系诚重也。有清之主中夏，历年三百，其间老师硕儒所精心研索者，悉在六经传记，由唐宋而反之汉魏，而反之周秦，孔广森、张惠言之流专门名家者，奚止数十；自虞翻、何休、贾、服、马、郑之学，下及六书谶纬，皆有专家为之董理，畅家法，明条例，钩深抉微，实能阐二千年来不传之坠绪；次焉者亦能疏证名物，发正训故，造述宏富，汗牛车，充栋宇，曾不足以喻其盛。然方其盛时，阮伯元已深以经说坠失为忧，此则《学海堂经解》之所由刻也。及二刘、梅、陈之在金陵，乃议分经作疏，以萃集众家，网罗放逸，由是以"正义"之学鸣者，自惠定宇以迄孙仲容，不下二十余家；鸿篇巨帙，搜罗富有，《仪礼》《周礼》《论语》《公羊》诸新疏，且欲驾唐疏而上，则可以为难也。惟作者宗旨各殊，义例不一，弹正删并，胥待校理。昔熊、皇、炫、焯之流，江南海北，造为义疏者，奚止百家，孔、贾据以撰述，至宋而邢昺、孙奭被命校正，亦何莫非六朝旧文。今诚能修唐宋故事，裁正新书，匡其违失，补所未备，以孔、张诸贤之精，刘、陈诸贤之博，骊括大义，删并繁文，协六经之异说，整百家之不齐，以恢弘道术，扶掖微学。至清代史录，其于文献所系实深，亦宜慎重成书，垂之永久，此皆百世不朽之业也。惟先生亮节雅才，宏通博物，久为士林宗仰，今既在位，自当高瞻远览，谋所建树，先发使巡访州郡，搜求岩野，博采图典，鸠聚散亡；然后礼致鸿儒，征其弟子，重修经疏，撰成清史，则贞观、皇祐岂得专美于前。

方今内乱频仍，烽燧不熄，恐及今不图，淹迟岁时，师儒凋谢，简篇坠绝，虽欲为之而不能，事非深可惜哉！往者张之洞尝欲检定群经正义，刊为一帙，诚亦此意，盖不得已而思其次也。诚能分庚款之一滴，征集图史，举此盛业，俾旧闻得有要束，新义自当勃然生之，揆之前代学术兴替之迹，靡不皆然。今之倡言整理国故者，往往昧此而妄立科条，任意比附，此诚不知其本者也。苟于开馆征贤，今势有所不能，而搜采遗书，则未可再缓，先生惇悦艺文，重惜道术，将不菲弃刍言也。傥能进法石渠、白虎之盛，讲论异同，宗于一是，则事更优大，非敢望于今之儒者；惟就国立大学，别开经科，教授高材，俟之异日，或庶几耳。先生幸深察而熟衡之，延此绝学，其于吾国文献，所系宁浅末哉！

　　通之企仰先生，自昔已久，往者得王恩洋书，言先生在海上见拙著《经学导言》，嘱以再易稿时送呈尊处刊布，益知前辈奖掖后进之殷，深为感佩。顾通之疏陋，何以堪兹。竟无师亦尝以易稿为言，良以《导言》义据犹昔，惟徒易其文词，则何足以言造述。当再博考精研，别为《齐鲁学考》，俾理证通洽，条例明跂，以踵《今古学考》之后，庶于道术斯有毫末之益。然其事优大，匪旦夕可期，箧中纂录，惟《五经通义疏证》一篇，略有端绪。盖刘向为鲁学大师，《通义》乃据石渠议奏而作，只辞碎义，颇有足以决嫌疑、辨犹豫者，虽钩沉索隐于散绝之余，而义实驾乎白虎议奏之上。昔儒以残文忽之，未为理董，马、黄辑本，缺略犹多，今为补其缺遗，略加疏释，惟未为定稿，不敢缮呈。往岁有与陈斠玄论内学一书，即拟补入《导言》为第四篇者。《议蜀学》一篇，则拟质之同志者。盖昔儒多宗古文，其究心今文者，往往徒骋浮辞、不精礼学，或至比附毖

纬，为世诟病，不祛此惑，学何由明，此则通之所为发
愤忼慨者也。写呈左右，陈义肤率，惟先生矜其窒暗而
辱教之，幸甚！

蒙文通，四川盐亭县七月十日

　　蒙君巴蜀奇士，早惠鸿篇，先阻邮路，继淹积稿，直
至今日，始得昭宣，媿荷媿荷。疏经纂史，鄙志所存，
开馆征书，亦非不办，然时局如斯，所谓高谈无所与
陈，发义无所与展，吾则奈之何哉！　　孤桐

——原载1925年12月《甲寅周刊》第一卷第二十一期